湖北省社会科学界联合会
“中国调查”丛书

湖北省社科类社团的历史与现状调查研究

HUBEISHENG SHEKELEI SHETUAN DE
LISHI YU XIANZHUANG DIAOCHA YANJIU

李莉 / 著

長江出版傳媒
湖北人民出版社

图书在版编目(CIP)数据

湖北省社科类社团的历史与现状调查研究/李莉著.
武汉:湖北人民出版社,2020.7
ISBN 978-7-216-09986-8
Ⅰ.湖…　Ⅱ.李…　Ⅲ.生活科学—社会团体—调查研究—湖北　Ⅳ.C232.63
中国版本图书馆 CIP 数据核字(2020)第 107395 号

责任编辑:赵世蕾
封面设计:武汉新界面文化
责任校对:范承勇
责任印制:谢　清

出版发行:湖北人民出版社	**地址**:武汉市雄楚大道 268 号
印刷:武汉市籍缘印刷厂	**邮编**:430070
开本:787 毫米×1092 毫米 1/16	**印张**:13.25
版次:2020 年 7 月第 1 版	**印次**:2020 年 7 月第 1 次印刷
字数:210 千字	**插页**:2
书号:ISBN 978-7-216-09986-8	**定价**:40.00 元

本社网址:http://www.hbpp.com.cn
本社旗舰店:http://hbrmcbs.tmall.com
读者服务部电话:027-87679656
投诉举报电话:027-87679757

“中国调查”项目丛书编委会

吾辈使命
——写在前面的话

癸巳年秋，珞珈山下。著名历史学家、荆楚社科名家冯天瑜先生送我一套《东亚同文书院中国调查资料选译》。此书是冯先生等学者从浩如烟海的东亚同文书院中国旅行调查材料中，选择代表性的篇目翻译汇集而成。冯先生在扉页上题写赠言："日本为侵略中国，自明治以来，对中国做翔实调查，此书所载，可一斑窥豹。向强敌学习，对国情做深入的调研，是我辈的使命。"这年夏天，湖北省社会科学界第八次代表大会紧张筹备，我们也曾邀冯先生等专家学者为湖北社科事业的繁荣发展出计献策。先生建议，重视基础理论研究，重视国情省情调查。《东亚同文书院中国调查资料选译》一书的价值，体现着冯先生忧患意识和爱国情怀的寄语，以及冯先生对湖北社科事业的关切支持，直接促成了"中国调查"项目的产生。

尧舜孔孟，唐宋明清，分封割据，天下一统，农工兵商，京韵吴语，上下五千年，社会生活何等丰富多彩；江河湖海，崇山峻岭，楼台亭阁，村舍酒肆，秦砖汉瓦，藤角根穗，纵横九万里，中华大地如此物华天宝。中华人民共和国成立六十多年的时代印记，改革开放三十多年的文明进步，更是激荡起伏，日新月异。热爱并建设这个国家，当了解认识这个国家，而客观调查、认真分析这个国家，则是了解认识的有效途径。"向强敌学习"，要从具体事情做起，以至比强敌更强。吾辈的使命在认识，更在担当。于此时此地开始，坚持数年并由楚地推及全国的省情国情调查或将对社会有微薄贡献。基于此认知，湖北省社科联正式确定将“中国调查”作为重点项目予以立项。

社会调查，古往今来皆为执政者所重视，更有立志于此的文人学者，跋山涉水，实地考察，经年不倦。卷帙浩繁的古今文库中，有许多经典不朽之作可为楷模。“中国调查”丛书立项论证会上，专家皆推崇以费孝通先生的《江村经济》为范本。专家以为，“中国调查”各分篇，无论是全景展现，还是微型研究，无论是实地考察，还是问卷访谈，皆应如《江村经济》，尊重社会发展之客观规律，彰显实事求是之人文精神，追求科学严谨之学术标准，戒浮光掠影，戒空谈杜撰，戒阿谀奉承。《江村经济》是“人类社会学实地调查和理论工作发展中的一个里程碑”（英国社会人类学家布·马林洛夫斯基语），对于刚刚起步的“中国调查”项目而言，如果能有些许“一斑窥豹”的作用，我们将无比欣慰。

“中国调查”任重而道远，我们将脚踏实地，努力前行，不辱使命。

湖北省社会科学界联合会　曾婕

写于乙未年樱花盛开时节

总　序

湖北省社会科学界联合会组织湖北省社会科学工作者切入各相关领域，从事社会调查，已历岁时，初成一批各具特色的调查报告，辑为“中国调查”丛书，这是令人欣慰的一项成果。之所以说“令人欣慰”，因为在这里没有新老八股式的空话、套话、大话，而所见皆质朴、真实的基层情事，我们从中可以嗅到泥土的芬芳，听到民众的呼唤，触摸到社会生活的脉动。

社会调查是认识社会的基本方法。无论是实际社会工作者还是社会科学研究者，离开社会调查将一事无成。“没有调查就没有发言权”，上至最高领导人，下至普通百姓，概莫能外。

广义的社会调查，古已有之，如周代重视“采风”，专设“行人”“輶轩之使”到各地搜集民歌以了解民间疾苦，《诗经》中的《国风》就是采风的精选集结。汉代派员巡行，皇帝微服私访，设立乐府，采集乐府诗以认识百姓情志、社会实况，如此等等，皆初备“社会调查”之义。

系统的、有计划的社会调查始于近代工业文明时代，欧美国家、日本运用实证方法、文化人类学方法、经济统计学方法、抽样方法、定性研究和定量研究相结合方法、横剖研究与纵贯研究相结合方法等，对本国和他国作详尽的、巨细无遗的社会调查，并以科学手段加以整理，做出描述的、解释的和提出对策的研究成果。日本为实现其侵略中国的“大陆政策”，对中国的自然、社会、人文等作了广泛、细致的调查研究，仅以两个较庞大的中国调查机构——南满铁道株式会社调查部、东亚同文书院（前身汉口乐善堂）为例，其调查规模便足可惊人：它们分别对中国进行了长达四十年和六十年的调查，留下卷帙浩繁的调查报告和研究著作。满铁的中国调查报告有数十万件，出版书刊数千种，是各国研究近代东北、华北、华东社会的材料渊薮（当代西方汉学家黄宗智、杜赞奇的近代中国社会史名作多取材于此）。东亚同文书院的中国调查，地域达除西藏外所有省区之各市县镇（还远抵俄罗斯西伯利亚、远东，中南半岛、南洋群岛），涉及地理、历史、政治、经济、军事、民俗各领域，大至各时段政情演变（如辛亥革命、五四运动、北伐战争等），小至一条河川有几处渡口、冬夏各能摆渡多大船只。无怪乎抗战期间日本的军用地图比国民党军队的军用地图详尽、准确。在东亚同文书院对中国长期调查的基础上，日本东亚同文会1917—1920年编纂了《支那省别全志》，1941—1946年编纂了《新修支那省别全志》，2015年5月中国国家图书馆出版社影印出版了两志全50册。我在为两志影印版所作序言中说："它让我们具体了解近代日本从事中国踏查的广度与深度，认识其用心之深、用力之切，从而激发国人警醒；同时，通过展示日本的中国调查材料及其加工成品，也为晚清、民国研究敞开一个鲜为人知的资料库，并从方法论上提供若干研究国情、地情的启发。"[1]

毛泽东1941年在《〈农村调查〉的序言和跋》中，强调社会调查的重要性，并指出："中国幼稚的资产阶级还没有来得及也永远不可能替我们预备关于社会情况的较完备的甚至起码的材料，如同欧美日本的资产阶级那样，所以我们自己非做搜集材料的工作不可。"这里对"中国幼稚的资产阶级"来不及作较完备的社会调查的估量，大体符合历史实情。但需要补充的是，自晚清以降，中国一些有识之士已开始重视并躬亲社会调查，如清末的湖北留日学生鉴于"各国人之于其国也，无一事不有调查会，或政府提创之，或人民自组织之"，在1903年成立"湖北调查部"，对在本国、本省开展社会调查有所规划，列举了"政法上之调查""教育上之调查""经济上之调查""实业上之调查""军事上之调查""历史上之调查""地理上之调查""民族上之调查""出产上之调查""交通上之调查""外人势力上之调查"诸方面的调查细目。[2]然而限于条件，这一计划无法在晚清实现。

民国时期，国民政府的某些部门，如地震局，曾组织力量作专题社会调查，

---

[1]　[日]东亚同文会编:《中国省别全志》第1册，国家图书馆出版社2015年版，第8页。

[2]　张枬、王忍之编:《辛亥革命前十年间时论选集》第一卷上册，生活·读书·新知三联书店1977年版，第443～452页。

留下一批宝贵材料。某些从西方学习社会学、民族学回归的中国学者，作过高水平的社会调查研究，如陈达的《南洋华侨与闽粤社会》、费孝通的《江村经济》，至今仍闪耀光辉，被视作社会学范本。20 世纪 30 年代出版的“社会调查”丛书（中华平民教育促进会出版）也不乏佳作，如李景汉的《定县社会概况调查》便颇有价值。此后，各类调查研究报告续有面世，如费孝通的《乡土中国》、许烺光的《祖荫下》、杨懋春的《一个中国村庄：山东台头》、林耀华的《金翼：中国家族制度的社会学研究》等。

这批在艰困的条件下完成的社会调查论著，达到令国际学术界肃然起敬的水平，足证中国人完全有能力在社会调查研究领域攀登高峰。当然，就整体而言，清末、民国积贫积弱，战乱频仍，国家与民间无力作大规模、长时段、成系统的社会调查。

今天我们所拥有的条件，不可同日而语。以湖北省而论，有省社会科学界联合会的统筹组织，有各方面社会科学工作者的积极投入，未来可望涌现一批理论明晰、调查细致深入、记述真实可靠、建策独到的成果，为社会科学研究提供基础资料和精准数据。现在，“中国调查”首批项目已经付梓，又闻省社科联已筹谋接下来五年的项目计划，拟定调查研究重点，制定严谨的学术要求和规范，并将陆续推出“中国调查”丛书，以展现湖北省社科界调查研究原创力和高水平。我们乐观其成！

冯天瑜

2015 年 8 月 4 日于武昌珞珈山

前 言

守望人类精神家园，引导人类走向和谐幸福之路的人文社会科学需要全社会每一个人的理解和参与。正是在这一背景下，从事哲学社会科学类研究的社团开始走进国家治理与社会建设的视野。回望历史，自然科学的繁荣在一定程度上遮蔽了人文社会科学的光芒。然而，繁荣的自然科学倘若失去了人文社会科学的导向可能会导致人类的一系列危机，走出危机的路径之一就是组织化、制度化、系统化地开始人文社会科学的探究与发展。在我国的改革开放和现代化建设过程中，社科类社团以其特有的理论探讨、问题分析、决策论证，对解放思想、加快改革、建立市场经济新体制、建设社会主义精神文明起到了积极的推动作用。

党的十八大以来，我国社会结构、利益格局发生了深刻变化，社会的原子化、碎片化发展，挑战着社会的有机团结和社会整合。十八届三中全会明确提出要全面深化改革，坚决破除各方面体制机制弊端，进一步解放和发展社会生产力，增强社会活力。这是符合社会发展客观实际的明智选择。在政治领域，以权力下放和职能转变为主要内容的行政体制改革稳步推进，然而，政府公权力的退出使得某些社会领域出现权力空白，成为以社会组织为代表的多元主体进行社会事务管理的现实基础。党的十八大报告提出要围绕构建中国特色社会主义社会管理体系，加快形成党委领导、政府负责、社会协同、公民参与、法治保障的社会管理体制，加快形成政社分开、权责分明、依法自治的现代社会组织体制；引导社会组织健康有序发展，充分发挥群众参与社会管理的基础作用。我国社会科学类社团（以下简称“社科类社团”）作为社会组织的重要组成部分，是达成十八大设定目标不可或缺的力量，也是国家文化软实力的重要标志。2015 年 1 月，中共中央办公厅、国务院办公厅印发的《关于加强中国特色新型智库建设的意见》中指出，智力资源是一个国家、一个民族最宝贵的资源。一个大国的发展进程，既是经济等硬实力提高的进程，也是思想文化等软实力提高的进程。智库是国家软实力的重要载体，越来越成为一个国家国际竞争力的重要因素，在对外交往中发挥着不可替代的作用。树立社会主义中国的良好形象，推动中华文化和当代中国价值观念走向世界，在国际舞台上发出中国声音，迫切需要发挥中国特色新型智库在公共外交和文化互鉴中的重要作用，不断增强我国的国际影响力和国际话语权。新形势下，如何充分认识社科类社团的深刻内涵？如何深入了解湖北省社科类社团的历史发展、组织结构和社会功能？如何准确把握有利于完善和发展社科类社团运作机制的对策建议？这是本书力图作出的回答，而这一回答对于培育成熟而有规则的社会组织、实现中华民族伟大复兴中国梦具有重要意义。

一、社科类社团概述

（一）社科类社团的含义

社科类社团归属于社会团体范畴。根据《社会团体登记管理条例》规定，社会团体是指中国公民自愿组成，为实现会员共同意愿，按照其章程开展活动的非营利性社会组织。社会团体主要从事社会科学理论研究、学术交流、知识普及和决策咨询等。社会团体涵盖了自然科学类社团、社会科学类社团、经济类社团、宗教类社团等社会组织。作为社会团体的重要组成部分，社科类社团普遍以学会、协会、研究会、联合会等形式存在，具有社会性、自主性、学术性、非营利性等特点。社科类社团可以从多重角度进行分析和论证。首先，从词源角度看，社科类社团是指从事社会科学研究与管理的人员自愿成立的，以社会科学理论研究、管理实践及文化传承为宗旨，按照组织章程开展活动的社会组织的总称。其次，从法律角度看，社科类社团是指由从事社会科学研究和管理的公民自愿组成，为实现会员从事社会科学理论研究和文化传承的共同意愿，按照其章程开展活动的非营利性社会组织。从管理角度讲，社科类社团是指在党的领导下，在业务主管（挂靠）单位的指导下，在政府民政部门（登记管理机关）的监督管理下，由社会科学工作者自愿组成，为实现其社会科学理论研究、管理实践与文化传承等目标，按照其章程开展活动的学术性和非营利性的社会组织。[1] 我们认为，社科类社团是指由热心于繁荣发展哲学社会科学事业，从事哲学社会科学不同学科、不同领域研究的人员，为实现共同意愿，按照章程自愿组织起来开展活动的学术性团体。

社科类社团的主要任务是进行社会科学理论研究，完善社会科学知识体系，推动社会科学学科建设，其组成人员主要是从事社会科学研究的专家和学者，社团活动的依据则是组织章程。相较于其他社会科学研究组织，社科类社团拥有着巨大优势：能够广泛联系高校、社科院、党政军智囊部门、社会企业研究机构以及各界社会科学工作者，聚集不同学科、不同领域的专家学者；能够跨越区域阻碍，破除研究院校、党政军部门、社会企业机构之间的壁垒，突破专业限制，高效运用多学科、多领域的研究力量，有力整合各项资源以开展基础理论研究和应用理论研究，实现社会科学研究效率的最大化。因而，社科类社团为社会科学工作者构建交流平台，充当聚集社会科学领域人才的组织载体，提供社科专家和学者以组织形式进行广泛沟通交流的机会，促使各种学术观点碰撞、融合，从而“集百家之所长，融百家之所思”，吸纳学术精华，革新理论观点，不断丰富社会科学研究成果，创新社会科学理论，完善社会科学知识体系。这种学术特性，决定了它是推动社会科学学术繁荣的主要途径。此外，社科类社团还是塑造社会价值观念、宣传国家主流意识形态的重要力量，是助推党和政府科学决策的思想库、智囊团。

（二）社科类社团的基本特征

1. 主要分类

当前，我国社科类社团依据行政区的划分标准，实行分级管理模式，分为省、市、县三个等级。各级社团相互独立，互不隶属，分别接受相应级别的业务主管部门的指导和管理。同时，依据不同的标准，如按学科划分、按性质划

[1] 顾爱华:《中国社会科学类社团的内涵、特征与功能》,《中国行政管理》2007 年第 11 期。

分、按运行方式划分等，我国社科类社团可以划分为不同的类型。可分为基础学科、应用学科和新兴交叉学科三大类社团，也可分为学术型、部门组织型、社会运作型三大类社团，或者是分为官办、民办、官民合办三大类社团。

2. 学科结构

现在，我国社科类社团种类繁多，各类社团都有极强的专业性，研究领域广泛，同时包括对各个基础学科、应用学科以及新兴交叉学科的综合应用的研究。据已有的统计资料分析，目前我国社科类社团已包含哲学、经济学、财政类、法学、政治学、社会学、教育学、文学、语言学、文化类、历史学、管理学等多个社会科学学科和研究领域。

3. 组织体系

总的说来，我国社科类社团在成立之初都设置了相应的机构部门，有明确的职责职能分工，并且也有相应的管理机制。一般来说，社科类社团设有法定代表人，具有独立法人资格。社团内设会员代表大会和社团理事会，前者是社团里的最高权力机构，后者是对会员代表大会负责的执行机构。相应的还会有常务理事，在理事会闭会期间行使相应的职责和权利。理事会主要包括会长、副会长和秘书长，秘书长所在的秘书处是整个社团的基础核心部门，负责处理社团的日常工作。有些已发展到一定规模的社团还设立了学术交流制度、民主决策制度、会员管理制度等一系列内部制度。

4. 管理体系

经过近十年的发展，我国社科类社团建立了一套比较规范的管理体系，在党和政府的领导下，由社科联、挂靠单位和民政部门三个部门进行管理。其中民政部门是社科类社团的登记管理机关，主要负责社科类社团的成立登记、变更备案、年检评估等工作；社科联是社科类社团的业务主管单位，主要负责指导社科类社团开展日常业务工作和各项活动；此外，为了加强对社科类社团的管理，还要求各个社团在筹备成立时依托一个行政挂靠单位，主要是党政机关或事业单位。

5. 核心特性

第一个是社会性。从学科建设来讲，它是由相同学科、相同专业的社会人员自愿组织起来的社会组织，凡符合入会条件的社会人员均可申请加入，并且入会自愿，退会自由。从自我管理来讲，它的理事会由广大会员选举产生，组织内实行民主办会、民主管理、学术民主，在学术交流中贯彻“双百”方针，大家可以就某类问题畅所欲言，充分表达自己的观点，真正体现其社会性。

第二个是学术性。进行社会科学学术研究是社科类社团的生命线。（1）各类社会科学研究成果的有序生产，离不开社科类社团的组织管理。以个体形式存在的社会科学工作者，自身受到学术界和社会认同的局限，面临着研究成果不被重视的困境。通过构建社科类社团平台，吸引众多社会科学工作者参与，以组织形式协调各种资源，形成社会科学研究的规模优势，为研究者们整合学术资源、展示研究成果创造了条件。（2）通过开展学术研究活动，不断完善社会科学基本理论，并在此基础上尝试创新，探索世界前沿理论，推动社会科学不断发展。社会科学指引社会发展方向，研究水平的高低直接关系到社会发展快慢。只有在正确的社科理论指导下，社会主义和谐社会建设才能少走弯路、岔路。（3）社科类社团以召开学术研讨会、学术沙龙的形式，提供更多思想交流的机会，使得社会科学工作者阐述各自学术观点更加直接、便捷。而且，在学术活动中每一位研究者的研究成果得以展示，也扩大了研究者的学术影响。社科类社团的研究成果不仅仅局限于学术层面，更为国家发展和政府决策提供咨询服务，充当党委和政府的智囊团和思想库。政府采纳社科类社团的研究成果，并广泛应用于社会管理实践中，既推动了国家经济发展，同时也为研究者赢得了社会荣誉和学界认同。

第三个是意识形态性。意识形态是指以政治、法律、道德、哲学、艺术、宗教等具体的社会意识形态表现出来的，代表阶级或集团的根本利益并为其服务的系统化的思想体系。鲜明的意识形态性是社科类社团区别于其余社团的本质区别。主要表现在以下几个方面：（1）社科类社团对内引领和指导精神产品的生产。精神产品包括电影、绘画、书刊和报纸等，其中以学术论文、研究报告的形式表现出来的精神产品对意识形态的影响最为深刻。精神产品的生产受制于生产者自身能力，生产主体既可能生产出弘扬主旋律，传递正能量的产品，又可能生产出歪曲社会主流价值观的产品。社科类社团具有专家和学者方面的规模优势，能够有效地凝聚各方面智慧，防止精神产品自身价值的扭曲、邪化。此外，社科类社团以组织形式扩大精神产品影响力。它可以把个体的研究行为、个体的研究成果，通过一定的学术研究平台转化为集体的智慧，形成社会大众普遍接受的精神产品。（2）社科类社团对外有力抵御西方社会有害思想的侵蚀。在经济全球化、社会信息化的背景下，世界各国不同文化相互交流、碰撞、融合。文化渗透于社会生活的各个方面，影响着每个人的思想和行为。西方文化在我国广泛传播的同时，其所携西方价值观也在冲击着我国社会主义价值体系。中西两种价值观若有共通，则社会个体在相互印证下更加坚定自身的价值信仰；若有差异，则可能导致两种价值观的冲突，动摇个体对社会主义核心价值观的信心，造成价值认同的缺失。社科类社团的学术成果、普及知识成效、价值观念，不仅对流行的社会思潮具有重要的导向作用，而且可以成为防范西方思想文化渗透的一道防线。应该承认，社科类社团对于维护国家文化安全具有重要意义。

第四个是非营利性。社科类社团活动以进行学术交流，促进社会科学健康发展为目的。社科类社团作为社会团体的重要组成部分，归属于非营利性社会组织。它在开展社团活动时并不强调经济效益，相反，以实现社会效益为目标，以服务社会为宗旨。例如《北京市社会团体规范化建设的指导意见》规定："广泛开展多种形式的有益于会员的服务，但不得损害社会公共利益，不得形成垄断，不得以营利为目标，依法所得不得在会员中分配。"因此，社科类社团在互惠交换中是以信任和合作为基础，目标是维护、再生和重建社会关系。但是，社科类社团的非营利性并不意味着所有的服务都免费，根据服务享受对象的具体情况，分别无偿提供，或低价提供，或付费提供。在市场经济条件下，社科类社团可以根据事实需要在法律允许范围内开展经营活动，但是经营所得要用于社团自身的发展，而不能将获利分配给个人。

二、有关文献综述

随着中国社会的转型和社会主义民主政治建设的纵深开展，我国社科类社团协同政府开展公共服务的能力日益凸显，社团的文化活动开始走入大众视线，逐渐成为人们关注的焦点，引起了政治学、社会学、管理学等多学科学者的研究兴趣和政策研究者的高度关注。

据不完全统计，自 1994 年以来，中国期刊网关于"社会组织"的有关文章共有 16343 篇，其中，发表在 2000 年以后的共有 10100 篇，博士论文有 86 篇，发表在核心期刊上的共有 2947 篇。另外，通过中国高等教育文献保障系统（CALIS）华中地区中心联合目录公共检索系统的检索（同上述检索方法），共有相关著作（不包括中文译本）175 本，以“第三部门”“非营利部门”“非政府组织”“非营利组织”“公民社会”等概念表述的共有 92 本，2000 年及以后出版的共有 142 本。

（一）社会组织的基础理论研究

社会组织理论是自20世纪七八十年代以来随着萨拉蒙的“全球社团革命”的提出在国际范围内出现的新的组织理论。在我国开展综合研究的学者主要包括王名、杨团、丁元竹、何增科、王颖、康晓光等。还有学者主要研究社会组织的评估体系与管理办法（包颖，2014；贾文德，2012）；从法律的角度探讨社会组织的规制与管理问题（赵伟媛，2013；胡杰，2013）；从党建与社会发展的角度研究社会组织的问题（檀雪菲，2007；严宏，2010）；从社会管理体制及其变革的角度分析社会组织的发展（周红云，2010；蓝煜昕，2012）；还有对社会组织进行个案研究（范明林，2010；张紧跟，2008；应星，2007）等。

1. 围绕政府与社会组织的关系进行研究。中西方研究主要遵循市民社会和法团主义两个视角，来透视社会组织与政府间关系。市民社会理论关注以社会组织发展为代表的成长中的“社会”如何牵制和消解国家权力的负外部性（Habermas，1989；Cohen，Arato，1992；Chandhoke，1995），法团主义理论则关注国家如何充分发挥“社会”的积极作用并同时对其实施有效管控（Schmitter，1979；Cawson，1982；Williamson，1984；Scholten，1986）。在这两种理论视角下的中国研究者提出了中国从“全能主义”向更加开放的“国家—社会关系”转变的各类模式，包括国家对社会通过吸纳与合作形成的“嵌入型监管”（刘鹏，2011）、“利益契合”（江华等，2011）、民间社会组织依附于政府的“伴生模式”（刘传铭等，2012）、政府促使社会组织行政化运作的“嵌入式管制”（吴月，2013），等等。虽然两者的研究发现不尽相同，但有一个基本共识，即国家逐步让渡出部分权力给予社会，并与其进行模糊的、不稳定的、正式的或非正式的互动，呈现“国家镶嵌于社会之中”的格局（张紧跟、庄文嘉，2008；张紧跟，2012）。

2. 围绕社会组织的作用与功能进行的研究。徐勇（2014）认为要构建社会组织的培育扶持政策体系，健全社会组织的监督管理机制，不断提升社会组织发展质量和参与社会服务管理的能力和水平。曾献忠、孙燕（2014）针对社会组织的平台建设体系提出了新的建议与思考；周玉萍（2012）以太原市社区社会组织服务中心为例，对目前覆盖全国社区的社会组织孵化制度进行了研究；林兵、陈伟（2014）以浙江省某社区社会组织服务中心为例，探讨了“吸纳嵌入”管理模式；还有学者包括陶传进（2014）、王达梅（2012）、黄忠诚（2012）等特别针对政府购买社会组织服务的内涵、诉求、动因、方式、问题与协同治理对策等方面提出了新的观点和思考。

3. 围绕社会组织与社会治理进行的研究也较多。西方学者主要是从协同理论视角来研究社会组织与社会治理的关系。罗伯特·达尔和查尔斯（1953）描述了协作机制的本质特征是协作参与者和行动的多样性。列维斯（1996）探索了私营组织与非营利组织构筑的合作联盟，罗伯特·阿格拉诺夫等（2003）对地方治理中多组织协作领域、协作因素、协作机构进行了研究，公共品混合供给制度（PPP 公私合作模式）也探索了多重组织共同提供公共产品的制度安排。在社会组织参与社会治理的制度学分析方面，何增科（2000）认为，转型中国是国家调整、社会组织发展的良好机遇，多部门参与社会治理成为实现“共治”“善治”的必然选择。林尚立（2007）认为，社会组织的兴起深刻改变了中国社会的建构方式，从原有的组织化社会转向社会组织化。胡仙芝（2007）认为社区组织化对于社区治理具有根本性的意义。李伟、方堃（2007）认为，社会组织在社会治理中具有参与、监督和中介功能，培育社会组织应当走“政府主导下的官民互动合作”之路。张洪武将社区协同治理视为社会组织新的治理之道，转型期社会组织存在资金不足、人才匮乏、贪污腐败和越轨营利等治理缺陷，需要通过社区协同行为来弥补。徐祖荣认为，协同治理中的社会组织参与社会管理创新具有逻辑必然。另外，在社会组织协同社会治理的实践性研究方面，吕青（2012）探讨了在深圳、上海等地构建新型社会服务组织，政府购买服务，社工服务社会组织的模式（新生式推进策略），还有在社区管理中“三社联动”机制的提出（社区、社会组织与社会工作），从基层社会治理的创新上展现了多元主体的紧密关系。

总之，以“社会组织”为研究对象的学术研究具有以下三个方面的特点：第一，从总体上看，“社会组织”越来越受到学术界的关注，研究成果数量逐年递增。但是，学术研究的西化色彩较浓，用“非营利组织”“第三部门”“公民社会”等西方化用语指称“社会组织”“民间组织”的研究比较多，本土化研究相对较少。第二，从研究成果的时间分布来看，多数研究集中在2000年以后。恰巧2000年以后我国进入社会体制改革与和谐社会建设时期，社会组织进入多样化生长和快速发展阶段。学术研究的跟进，体现了我国学术界与时俱进、理论联系实际的研究氛围。第三，从研究的深度来看，关于社会组织的研究还需要进一步加强。这主要反映在博士论文及著作类等深入研究较少，核心期刊研究成果不多。

（二）关于社科类社团的研究

国内近年来关于社科类社团的研究主要集中在以下几个方面：一是社科类社团基础理论的研究；二是社科类社团功能的研究；三是社科类社团发展与管理现状、问题及对策的研究；四是社科类社团与政府关系的研究；五是各类社科类社团的专题研究等。现有文献资料分析层次之多、立意之深、类别之全面，对本书具有重要的指导意义。

1. 社科类社团发展与管理现状、问题及对策的研究。杨清明（2015）从较为广泛和深层次的范围内分析了现阶段我国社科类社团的发展态势，提出了我国社科类社团发展较为普遍存在的制度属性、制度变迁、制度问题和制度改善等问题。郑文范、赵宇（2008）通过分析与比较国外人文科学类社团的不同发展特征及其共同属性，结合我国社科类社团特征，从社科类社团精神产品生产功能、研究创新功能、社会功能等方面进行积极引导，以期解决资金困惑、管理工作规范化、社会监督等实际问题，推动社科类社团有序发展。杨路平、周兆明、孙庆国（2008）多层面、系统阐述了社科类社团管理体制的重要意义，在我国社团发展实际的基础上，提出了以社团行业归口管理、政府购买项目牵动、参与学科建设、政策法规支持四个战略作为具体路径，来完善社科类社团的管理体制。汪春翔（2013）选取了宏观与微观相结合的视角，从社会和谐这一目标出发，在中国特色社会主义整体布局的大框架下系统考察当前社会组织建设的问题、挑战和面临的机遇，从国家、政府、社会三者良性互动的层面思考分析社会组织的发展方向和宏观战略，从国外、国内经验借鉴的基础上探索我国社会组织建设的实践路径，从宏观着眼把握研究目标、研究方向，确定研究视野，确立分析框架，从微观入手分析具体问题，阐述具体研究内容，提出具体方案和对策。杨路平（2010）从当前我国社科类社团在各个领域各个角度存在的主要七个方面的问题分析了目前我国社科类社团中存在的亟待解决的问题，并从历史、制度、环境的角度深入分析问题的成因、表现，并创造性地提出了不少具有建设性的对策。

2. 社科类社团与政府关系的研究。徐建源、孙大伟（2008）从历史的角度梳理我国社科类社团在不同历史背景下所具有的不同特点，提出促进我国现阶段社科类社团发展的有效政策。王志章（2015）在提炼归纳杨清明有关社团的制度性探索观点的基础上，结合我国社科类社团发展现状，从政府、社团组织自身两个层面，对如何进一步发挥社科社团在新型社会智库建设中的地位和作用进行了探索。祝理谙（2011）着重从治理理论的视角来研究我国社团组织的发展问题，以治理理论、公共选择理论、第三部门理论为基础，指出治理理论之于社团组织发展的价值诉求以及加强社团组织研究的必要性；同时，概括我国社团组织发展面临的问题，从历史、观念、制度、经济因素等方面分析了问题存在的原因，并在总结国外社团组织发展经验的基础上，提出了相关对策建议。

3. 各类社科类社团的专题研究。湖北省社科联 2005 年在对社科类社团和民办社科研究机构管理工作及其规律性进行了调研的基础上，对社科类社团发展现状及其存在的问题进行了分析总结：针对情况不明、底数不清等客观情况的变化提出了相关对策，确定了以制度为基础、引导为手段，来激发社团活力，推进社科事业发展为目的的管理思路。湖北省社科联主编的《湖北省社科类社会团体现状调查及其管理问题研究》报告根据调查情况进行综合分析，总结出当前湖北省社科类社团呈现的特色鲜明、管理法制化、发展不平衡等新的特点，归纳影响湖北省社科类社团发展的三个因素，并从政策和人文因素等方面提出了对策。杨光锦、周健（2011）从资源依赖的角度出发，就我国社科类社团如何获得长期生存和良好发展的问题进行研究，并针对资源依赖形成的主客观原因提出了降低自身对外部环境过度依赖的解决对策。陈媛（2013）以当前我国社科类社团的发展为主线，总结了当前我国社科类社团的发展情况和已取得的成效，指出现阶段面临的困境及其产生的原因。通过分析，探索出适合我国社科类社团发展的道路，归纳总结出一系列解决社科类社团发展的对策。

三、本书的意义与主要学术价值

本书拟以湖北省社科类社团为调查分析文本，通过对湖北省社科类社团的发展进程进行历史的纵深比较和时代的横剖分析，从不同角度不同维度阐释湖北省社科类社团组织的发展过程、制度管理、功能成效以及亟待解决的问题、未来的发展空间和规划等议题，分析社科类社团的改革发展与国家政治、经济、科教文卫事业发展之间相互影响的关系。以微观视角审视湖北省社科类社团组织，从而以点概面纵观我国社科组织发展全局，在宏观层面上更进一步概括出我国社会组织发展的理论与方法，考察我国社科类社团的未来走势和发展方向。这不仅能为我们认识社科类社团及社会组织发展提供新的依据，弥补以往研究的不足，同时对于在社会主义市场经济条件下如何发挥社科类社团等社会组织的作用，推进社会治理和社会建设良性发展具有一定的启示意义。

目 录

第一章　湖北社科类社团发展的历史轨迹

中国古代的“社团”大多属于士人结社，并没有现代意义上的学会。据研究者的考察，“会社的活动，发轫于先秦，自汉迄清，一直延续，其间虽有盛衰，但其活动却并无停歇”[1]。《魏氏春秋》记载，（嵇康）“与陈留阮籍、河内山涛、河南向秀、籍兄子咸、琅琊王戎、沛人刘令相与友善，游于竹林，号为七贤”。竹林七贤一起论道谈玄，虽然没有结成相应的组织，但形成一致的学术主张，为魏晋玄学的代表人物，因此可看成早期文学社会组织。至唐代，“文会”盛行，《旧唐书·杨师道传》记载：“师道退朝，必引当代英俊宴集因池，而文会之盛，当时莫比。”宋代“诗社”遍布，《分类东坡诗·十九》中《次韵答马忠玉》记载：“河梁会作看云别，诗社何妨载酒徒。”元代“书会”风靡，如玉京书会、元贞书会、武林书会、永嘉书会等。明朝结社风起，初时以文会友、互为应和，逐渐发展为参与政事、推动变革等活动，例如复社、应社、几社等。鉴于明末党争的教训，清朝初期开始厉行党禁，各类社团受到极大的限制。但是中国传统士人的结社雅集圈子很小，多限于诗文酬唱、游宴道来，与专业分工明确的近代学会差异较大。同时，传统士人结社具有较浓厚的政治色彩，难以划清学术社团与朋党之间的界限。关于中国古代士人结社与近代学会之间的区别，任鸿隽曾有精辟之言：第一，我们历史上的学会，专讲古书、经史、道德、伦理、正心、修身、齐家、治国、平天下之事。现在我们所讲的学社，专讲实验科学及其应用。一个偏于德育，一个偏于智育，其不同之点

[1]　陈宝良：《中国的社与会》，浙江人民出版社 1996 年版，第 13 ～ 14 页。

一。第二，我们历史上的学会，是由一个大学者、大贤人，因其学问既大，名望也高，大家蜂拥云集的前去请教而成。现在我们所讲的学社，是由多数学问智识相等的专门学者，意欲切磋砥砺，增进智识，推广学术的范围，互相结合而成。一个以人为主，一个以学为主，其不同之点二。[1]

自近代开始，伴随着西方经济模式、思想文化、科学技术大量渗透，外国传教士先后在我国开始建立社团组织，例如上海文理学院、上海益智书会、广学会等均比较活跃，影响了我国近代社团的发展轨迹和节奏。虽然传教士创办社团"以科学之名，行宗教之实"，但又在客观上唤醒了我国知识分子特别是资产阶级维新派对结社作用的认识，促进他们对组织学会的目的和意义进行深刻的思考。康有为在《上海强学会序》中说："尝考泰西所以富强之由，皆由学会讲求之力。"于是，在戊戌维新期间，全国各地涌现了大批学会组织，例如"强学会""新学会""格致学社"等，有的带有政治目的，有的带有学术目的，有的兼而有之。20 世纪初，内忧外患的清政府被迫实行"新政"，对民间社团的管理制度由禁止和限制向倡导和鼓励转变。1908 年《钦定宪法大纲》规定"臣民与法律范围内，所有言论、著作、出版及集会、结社等事，均准其自由"。自此，集会结社具备了成文法依据，各类新型社团在短时间内大量诞生。据张玉法先生统计，至 1913 年底以前成立的学术类社会团体共计 52 个，分别隶属于国学、法学、经济学、科学技术等不同学科，其中社科社团占比 2/3。在新文化运动中，为了思想启蒙的需要，知识分子开始组建各类社团，例如互助社、新民学会、学生救国会、国民杂志社、新潮社等。这些社科社团均以《章程》的形式规定自身的主要活动为编辑和出版刊物、讨论和发展学术，推进学术研究、开展启蒙教育、增进平民知识。1919 年"五四"爱国运动爆发，各种启蒙社团开始出现，例如永嘉新学会、少年学会、青年学会等，它们创办刊物，在各自的章程中提倡解放思想和研究的精神，提倡普及教育和文字改革。随着新文化运动的深入，各种学习和宣传新思期的社团大量涌现，例如马克思主义学说研究会、俄罗斯研究会、马克思主义研究会等，它们成为我国第一批传播马克思主义的重要载体，直接影响一大批青年走上了革命的道路，并为中国共产党的建立奠定了重要基础。1923 年，《中华民国宪

---

[1] 参见任鸿隽:《外国科学社及本社之历史》，樊洪业、张久春:《科学救国之梦——任鸿隽文存》，科技教育出版社、上海科学技术出版社 2002 年版，第 93 ～ 94 页。

法》规定“人民有集会及结社之自由”，在我国历史上首次将公民结社权利正式制度化，成为我国社团制度史上的里程碑。1932 年，国民党政府颁布《修正民众社团组织方案》，这成为中国最早的、专门的社团管理法规。从 1840 年到 1949 年，我国社团数量接近 8 万个，社科社团占其半壁江山。

1949 年新中国成立，社科社团所处的历史背景和社会环境发生了翻天覆地的变化。为了应对严峻的国际形势和实现赶超式发展战略，国家需要集中一切社会资源和力量展开社会主义建设事业。在这一背景下，国家对社会团体资源进行了重新整合。《社会团体暂行办法》《社会团体登记暂行办法实施细则》分别于 1950 年和 1951 年先后实施，在法律框架内确立了社会团体合法地位，设立了注册制、分级登记、审查批准前置等制度。以 1949 年成立的新法学研究会筹备会与新政治学研究会筹备会为基础合并成立的中国政治法律学会，对废除伪法统、建立新制、制定新中国第一部宪法贡献巨大。1950 年，我国掀起学习哲学高潮，中国哲学会发挥了重要作用，会员撰写了大量的著作、教材，极大地推动了新中国成立初期的哲学普及。20 世纪 50 年代后期开始，由于逐步实行计划经济体制，在政治、经济高度统一的“总体性社会”状态下，社科社团发生、成长的制度空间受到制约，增长数量极其有限，甚至呈现萎缩衰退状态。

1978 年改革开放之后，开启了由计划经济向市场经济的艰难转型。国家、市场、社会和个人的关系需要重新塑造，政治权力的边界开始从无限转向有限。市场活动使公民的话语表达、自治管理等权利得以释放，这既为社科社团的生存、发展奠定了制度土壤，还为其提供了空前良好的物质基础和思想基础。在市场经济体制下，政府配置资源的空间减少，社科社团可以通过满足多样化的社会需要获得更多的资源，因此业务活动相应地得到扩大，在数量上也增长很快。这一时期，随着我国政治、经济、文化和社会的发展，现代意义上的社科社团不断发展壮大，逐步形成了机构健全、管理规范的组织体系。

一、1978—1989 年：湖北社科类社团的产生、自主发展与整顿

1978 年党的十一届三中全会确立了改革开放政策。伴随着民主政治生活和社会生活的日益活跃，湖北省的社科类社团发展进入了一个新的阶段。

全省社科社团从成立起，就在党委政府的领导及有关部门的指导、管理下开展活动。湖北省社会科学院是全省哲学社会科学最高专门研究机构，前身是中国科学院武汉哲学社会科学研究所。该所从 1956 年开始筹建，1958 年正式成立，1961 年改为湖北省哲学社会科学研究所，1970 年被撤销。1978 年 6 月，中共湖北省委决定成立湖北省社会科学院，由省委宣传部领导。湖北省社会科学界联合会（以下简称“省社科联”）是中共湖北省委、湖北省人民政府领导下的学术性群众团体，是党和政府联系和团结广大哲学社会科学工作者的桥梁和纽带。省社科联于 1958 年 1 月经湖北省人民政府批准筹建，1959 年 9 月举行了湖北省社会科学界第一次代表大会暨湖北省哲学社会科学联合会成立大会，中共“一大”代表、著名马克思主义理论家、教育家李达当选为第一届省社科联主席。十年动乱，湖北省哲学社会科学联合会停止了活动。1979 年经湖北省委批准，恢复省社科联建制，恢复建立社团组织。

从 1978 年以来，中国社科类社团又迎来了一个崭新的蓬勃发展期。社科类社团的发展呈现出了数量大量增加、学科领域进一步拓宽、地区分布更广阔、社会影响力进一步提升、服务的形式更加多样化等鲜明特点。与此同时，湖北省的社团发展进入了一个新的阶段，数量开始增多，活动趋于活跃。由于国家实行拨乱反正，工作重点从以阶级斗争为纲转移到经济建设上来，工商业领域的社团逐步增多，行业协会相继成立。在省委正确领导下，经过全省社科界 20 多年的努力，湖北省社科类社团组织逐步健全，学科门类日趋齐全，会员队伍不断发展壮大，社科类社团也承担起了繁荣和发展哲学社会科学等新的历史任务。根据收集到的文献记载和社团的历史记录，从这一时期开始，主要产生了以下几种类别的社科类社团。

（一）文学历史类

1978 年 12 月，湖北省语言学会成立。学会成立之后，主要是组织和推动会员开展语言学学术研究活动；调查湖北省语言文字使用状况，为有关部门决策提供参考；主持召开学会学术年会，参与其他一些学术研讨活动的组织工作；开展与省外以及国外语言学界的学术交流；向有关部门申报研究课题，组织优秀成果报奖。

1979 年，湖北省世界史学会成立。学会业务范围是组织和推动世界史学科的研究与世界史知识的普及工作；举办学术讨论和学术交流等多种形式的学术活动；与中国史学会和国际史学团体保持联系，开展省外以及中外学术交流与合作。同年 5 月 1 日成立的还有湖北省世界语协会。协会业务范围是组织和团结全省世界语工作者，宣传、推广、运用和研究世界语；联络和协调省世界语活动，用世界语为湖北省改革开放和现代化建设服务；完成省民政厅和中华全国世界语协会交给的各项任务。

1980 年，湖北省科技美术研究会成立。其业务是组织美术艺术设计及新技术各种学术研讨会，交流学术思想；举办科技美术作品大展赛和节目书画展；发挥学科优势，积极开拓艺术市场，为经济建设和社会发展服务。

1981 年 3 月，湖北省新四军历史研究会成立。研究会主要研究新四军和华中抗日根据地的历史，尤其是新四军第五师是鄂豫边区抗日民主根据地和中原突围前后的历史；进行有关党史、军史、革命史的宣传普及和教育工作；对原抗日根据地作典型调查；编辑出版会刊《地方革命史研究》；组织研究成果评奖工作；联络全国及省内各新四军研究会，开展学术研究和信息交流，配合有关部门组织联谊活动。同年同月，湖北省《水浒》研究会成立，它是我国最早创建的专门从事系统地研究我国古典名著《水浒传》的学术团体。

1984 年，湖北省写作学会、湖北省屈原研究会、湖北省楚国历史文化学会成立。其中湖北省屈原研究会以各种形式普及楚辞与楚文化，宣传屈原爱国主义精神和楚文化的优良传统；开展屈原与楚辞的调研和咨询工作，促进湖北省文化旅游产业的发展。湖北省楚国历史文化学会主要是组织和推动全省楚国地方历史文化研究者开展学术研究，协同各方力量，挖掘荆楚文化的优秀内涵，广泛宣传、普及、弘扬楚文化。

1985 年 3 月，湖北省书画研究会成立。主要是广泛团结书画艺术理论研究的专家、学者和书画爱好者，开展多种形式的书画理论研究；开展书画艺术教育，培训书画师资和书画专业人才；组织对内对外书画学术交流活动。

1987 年，湖北省散文学会成立。学会组织和推动会员开展散文创作活动；对散文作家、散文作品、散文思潮进行研究，总结散文创作的特点和规律；组织会员开展散文创作和散文教学的学术交流活动；向有关部门申报研究课题及优秀成果，参与评奖。

1987 年 5 月，湖北省陶行知研究会成立。学会主要在湖北地区宣传和普及陶行知教育思想，借鉴和运用陶行知教育思想开展教育改革实验，并组织开展陶行知及其教育思想的学术研究及交流活动；组织召开有关陶行知研究的国际学术会议；编写出版《陶行知教育学说》等研究著作。

（二）哲学文化类

1980 年，湖北省美学学会成立。学会业务范围是在美学及相关领域内，从事学术性的研讨考察等活动；组织包括年会在内的各种地方性、全国性乃至国际性的学术会议，定期编辑学会内部通讯《湖北省美学学会通讯》，不定期编辑会员学术文集《当代美学评论》。

1984 年 12 月，湖北省伦理学学会成立。学会业务范围是通过各种途径和形式，开展伦理学和社会主义精神文明建设方面的学术研讨活动以及社会主义精神文明建设的经验交流活动，组织编辑出版学术著作；组织会员积极开展社会调查和有关课题的研究活动；组织会员积极开展道德教育宣传活动；接受各类企业和社会团体及政府委托的有关咨询与调查和策划业务；评选本学科优秀科研成果，开展与全国伦理学会以及其他兄弟省伦理学会之间的学术交流。

1986 年 1 月，湖北省社会心理学会成立。学会研究社会转型时期民众心理状况与建立和谐小康社会的关系；开展一些重要专题研究与探讨，争取取得有较大社会影响的理论成果；积极辅佐社会心理学理论新秀，给他们创造更加轻松优越的学术环境。同年 1 月还成立了湖北省社会学学会。学会组织推动会员开展社会学理论学术研究活动；研究市场经济下社会转型的社会经济发展新问题；大胆创新，为学术新秀铺路，不断推出社会学专业人才。

1988 年 3 月，湖北省社科期刊研究会成立。湖北省社科类期刊研究会主要组织会员开展编辑学和有关业务的研究，举办学术交流活动和培训班；协助有关部门组织优秀文章的评选活动；出版会刊和编辑论文集；开展科普活动，发挥研究会的咨询作用。

（三）经济类

1979 年 1 月 17 日，湖北省工业经济学会成立。学会主要是研究我国改革开放条件下工业经济发展中的新情况、新问题，探索我国新型工业化的发展道路，特别是我国工业经济学学科体系的建设；遵循理论联系实际的原则，紧密联系湖北工业经济发展的理论和实际，面向市场、面向改革、面向企业，提供信息咨询、培训服务；根据现代经济科学具有学科交叉性的特点，积极参与相关领域的综合性学术研究，努力为经济社会发展服务。

1979 年 1 月，湖北省畜牧业经济研究会成立，研究会主要开展调查研究，探讨湖北省畜牧业结构调整、资源配置方向和对策，经济可持续发展战略和措施；组织研究畜牧业产业化建设、发展机制和管理经验，畜牧兽医技术，畜禽产品市场体系的发展途径和运行机制；加强畜牧业经济领域各部门、各单位之间的联系；开展畜牧业经济的宣传、咨询、信息交流等服务；编写有关畜牧业经济理论和学术研究成果。1979 年成立的还有湖北省印刷协会，其宗旨是加强行业自律，维护会员及行业整体利益，促进湖北省印刷业健康发展。同年，湖北省供销经济学会成立，学会主要研究湖北省供销合作社在深化改革中的基本理论和实践问题；总结交流省供销合作经济发展的基本经验，研究省供销合作经济改革和发展战略，向有关部门提供研究成果或建议；开展有关科技、信息、经贸、管理和其他资源综合开发等项咨询服务。

1980 年 6 月，湖北省统计学会成立。学会主要是组织、指导、推动会员积极开展统计学术活动；总结、交流和推广湖北省统计科学研究成果和统计工作经验，举办统计学术报告会和统计科学讨论会，组织撰写、编辑和推荐出版统计书刊；组织统计培训工作，推广和普及统计科学知识，开展统计信息咨询活动，努力为社会和企业的发展服务；组织和开展国内、国际的统计学术交流活动，研究和介绍国内和国际最新统计科研成果和统计工作发展情况；表彰和奖励在统计学术上有重大贡献的本会会员。

同年，湖北省国际经济贸易学会成立，学会主要是对国际贸易的理论和实际问题进行研究探讨，组织外经贸理论与实践的研究和交流，开展外经贸发展与改革的征文活动，为外经贸主管部门当参谋，为外经贸企业提供相关咨询服务。

12 月，湖北省价格学会成立。学会主要研究探讨与国际接轨的价格管理体制与协调机制，促进价格管理协调的理论创新与实践创新；开展价格协调服务，协调疏导企业间、行业间的价格矛盾和纠纷，保护市场价格竞争；探索建立市场价格行为规范，建立价格诚信，引导市场价格行为；编印发行有关书刊资料，宣传国家的价格法规、政策和价格知识；培训会员及会员单位的价格人员，开展价格咨询服务。

1981年，湖北省质量管理协会成立。湖北省质量协会聚集了一大批质量管理方面的专业人才，在全省广大企业中有较好的声誉和较强的号召力，具有不依赖行政手段独立开展活动、自我发展的能力。协会的方针是发挥桥梁纽带作用，把协会建设成为政府的助手、企业的参谋、质量工作者的家园。

1982年，湖北省美国经济学会成立。学会主要是组织学会成员就美国经济、中美经济关系等问题进行研究、教学等活动；组织学会成员在内地、香港举行学术交流活动；组织学会成员积极参加全国美国经济学组织的学术活动。

1983年，湖北省经济学界团体联合会成立。联合会的业务范围是沟通党和政府与经济学理论工作者和实际工作者的联系；为省委省政府及有关部门提供决策参考；组织开展经济理论和实际方面的研究交流；指导协调全省经济类学术性社团和组织的活动，进行经济科学知识的宣传和普及；接受社会各界的委托开展研究和咨询，组织全省经济学优秀成果评选。

1984年，湖北省食品工业协会成立。它是经湖北省人民政府批准，由省经济和信息化委员会主管，在民政部门登记注册的跨系统、跨部门、跨行业、跨所有制的食品行业社团组织，协会下设秘书处办公室、诉求调查协调处、生产技术统计处。在新的形势下，协会坚持走产、学、研相结合的工作思路；以行业服务、行业自律、行业协调和担任食品行业的代表为基本职能。协会会员包括全省食品行业生产、营销、贸易等方面企业事业单位，大专院校以及科研院所等，是湖北省食品业界颇具规模的行业组织，承担着为全省食品行业提供协调服务、加强行业自律、制定食品行业发展规划、建立食品工业安全生产诚信体系等职责。

1985年，湖北省发展和改革研究会成立。研究会组织会员开展对湖北省经济和社会发展战略、中长期发展规划、产业政策、生产力布局、制度创新等重大理论问题和现实问题的调查研究；开展对经济体制改革中的热点和难点问题进行研究，并提出相应的对策与建议报告；组织学术研究成果的评奖活动，积极促进科研成果的转化与运用。1985年建立的还有湖北省广告协会、湖北省税务学会、湖北省生态经济学会、湖北省保险学会、湖北省经济法研究会等。

1986年，湖北省城市金融学会成立。学会主要是制定全省城市金融领域群众性科学研究、学术活动规划和年度工作计划，提出重点研究课题，组织研究城市金融工作和改革中出现的新情况、新问题，组织专题调研等。同年成立的还有湖北省外国经济学说研究会、湖北省世界经济学会、湖北省工商行政管理学会。其中湖北省外国经济学说研究会组织和推动对外国经济学说的研究并吸收其有价值成分，批判其错误观点；组织推动外国经济学说教材、专著、工具书的编写、翻译和出版等。湖北省工商行政管理学会主要开展市场监督管理和行政执法理论与实践等问题的研究，促进工商行政管理学科理论体系的建设，并向领导和有关部门科学决策提供理论依据和理论支撑；编辑出版有关工商行政管理的学术书刊、资料，组织开展工商行政管理学术研究成果的评定工作，加强与专家学者、科研单位的联系和交流。

1987年，湖北省中国经济史学会成立。学会主要筹办中国经济史研究的学术活动和会议；为政府及有关方面提供国情、省情咨询服务；以兴办展览、召开学术报告会等形式宣传中国经济发展的伟大成就；以及进行经济史研究的考察活动。1987年11月，湖北省粮食经济学会成立。学会主要是组织开展粮食经济理论和实际应用方面的研究和交流；举办粮食经济理论和粮食科技学术报告会、研讨会；协调、指导全省市、州粮食经济学会的业务活动；编辑出版学术论文专辑及有关资讯刊物，评选奖励粮食经济研究和粮食科技研究的优秀成果。

（四）法学政治类

1981年7月，湖北省科学社会主义学会成立。学会主要是组织和推动会员开展科学社会主义学术研究活动；研究探讨建设中国特色社会主义理论和道路；承担党和政府以及上级学术机关委派的科研任务，为湖北省改革和发展提供咨询服务。

1982年，湖北省党的建设研究会成立。研究会主要是宣传党中央和中共湖北省委关于加强党的建设的决定和要求；召开各种形式有关党的建设的报告会、座谈会、学术研讨会和经验交流会；组织多种形式的调查研究，及时向省委和有关部门提供党建动态和党建科研信息，组织撰写党的建设的学术论文、专著、通俗读物等；积极为党组织做好关于党的建设工作的咨询服务。

1983 年，湖北省统战理论研究会成立。研究会组织和推动会员开展统一战线理论政策学术研究活动；研究统一战线发展规律，探讨爱国统一战线及其各领域工作发展的机制和模式；调查研究湖北省统一战线发展中出现的新情况、新问题，提出解决问题的途径和对策；组织全省统一战线理论研究优秀成果评奖。

1985 年 5 月，湖北省民族学会成立。学会主要开展民族调查研究活动，为各级领导提供决策性报告和意见，交流民族学术经验，活跃民族学术氛围。

同年，湖北省现代领导科学研究会成立。同年还成立了湖北省青年社会科学工作者协会。协会组织和推动全省青年社会科学工作者开展学术研究方面的联系和交流，举办学术研讨会，出版学术著作等；同时积极宣传青年社会科学优秀人才，发挥青年社会科学人才的社会作用。

该年成立的还有湖北省监狱学会。学会组织会员提高政治理论水平和业务素质，遵守职业道德，坚持正确的政治方向；制定本省监狱研究课题规划，组织、协调、指导各级监狱学会、分会监狱学研究和学术交流活动，交流和推广科研成果；组织全省性监狱学学术研讨会；主办会刊《监狱工作研究》，做好刊物的编辑、出版、发行和通联工作等。

1989 年 2 月，湖北省监察学会成立。学会从事和组织行政监察学及相关学科的理论研究；开展省内、省际的行政监察学术交流与合作；编印出版理论研究书刊、资料；开展行政监察理论与实践方面的咨询服务。

1989 年 3 月，湖北省老年学学会成立。学会积极开展老年方面的学术研究、技术开发、智力投资、技术咨询服务；举办学术报告会，开展老年学及老龄工作宣传，广泛开展国内国际学术交流，总结交流学术研究成果和工作经验；对市、州、县级老年学学会进行学术业务指导。定期举办老年学科培训班，培养老年学科研究骨干。

（五）综合类

1978 年 11 月 20 日，湖北省体育理论学会经省社科联批准，是最早成立的社科社团。学会由武汉体育学院、华中师范大学、湖北大学、江汉大学以及武汉市教研室和湖北省教研室等 8 家单位共同发起，并在武汉体育学院召开了成立大会。

1986年，湖北省妇女理论研究会成立，主要是调查研究湖北省妇女运动的新情况、新特点，总结妇女运动的新经验，探讨妇女运动的基本规律，为党和政府的有关决策提供理论依据和对策建议；了解和掌握国内外、省内外妇女理论研究的动态和信息，交流科研成果；通过多种形式开展妇女理论的学术交流与研讨活动；加强与各界妇女和有关学术团体的联系与协作，接受委托，承担有关妇女问题的专题研究；注意发现、培养、推荐优秀的妇女理论研究人才。

1986年12月，湖北省党校教育研究会成立。研究会主要是总结交流党校教育的经验，促进党校教学科研队伍建设、信息化建设和行政后勤工作水平的提高；负责开展对外学术交流，增进相互了解，促进相互发展。1986年12月，湖北省家庭教育研究会成立。研究会主要为家庭教育工作实践提供科学指导；通过多种形式和渠道，宣传普及家庭教育的科学知识，帮助家长树立正确的教育观念，掌握教育子女的科学知识和方法；调查了解城乡家庭教育状况，总结推广家庭教育的先进典型和工作经验；加强国内外家庭教育的信息交流活动，编辑介绍有关家庭教育书籍、教材和宣传资料，为基层提供信息服务。

总体来看，1978—1989年是社团活动极为活跃的时期。截至1989年底，全省共有各类社团13000个左右。当时党和政府集中力量发展地方经济，对社团的管理有限，社团又主要由各业务主管单位发起成立，因此，社团的活动基本处于自发自为状态，几乎不受限制。1985年，根据各类社团发展快、审批管理较乱的状况，湖北省委办公厅、省政府办公厅转发《关于成立全省性组织有关问题的规定》（鄂办发〔1985〕54号），要求从严控制成立社团，就社团的成立条件、审批程序、审批原则及全省性组织的复查做出了具体规定。该项工作由省编委牵头，由业务主管部门具体负责。复查的主要内容包括有无继续存在的必要；是否符合全省性组织的条件；实际活动内容是否与宗旨一致。经过审查，对确有必要继续存在并符合全省性组织条件的，要履行审批手续，对原来批准使用的行政、事业编制应予收回；对不予保留的组织则应撤销。在1986年3月底前未向审批机关申报复查的全省性组织，则视为自动解散。经过复查同意继续存在的全省性组织，要填报《全省性组织登记表》报省编委。1986年，复查工作基本结束。1987年，省委省政府要求对全省的社团进行清理整顿。各地各部门按照规定对所属社团进行了清理整顿，使社团设立过多过滥的现象得到初步遏制。

二、1990—2000 年：湖北社科类社团的改造与沉寂

社科类社团的成立旨在为社会主义事业服务，尤其需要“巩固马克思主义在意识形态领域的指导地位，巩固全党全国人民团结奋斗的共同思想基础”。社科社团以开展社会科学理论研究、学术交流、知识普及和决策咨询为基本任务。社科社团的快速发展，对于促进科技进步、经济发展与文化繁荣等方面发挥着积极的作用。但随着改革开放后西方思潮的大量涌入，社科类社团也出现了种种问题。

1989 年国务院颁布《社会团体登记管理条例》（国务院令第 43 号），要求对社会团体进行规范管理。之后，全国范围内针对社会团体启动了两次清理整顿工作，出台《国务院办公厅转发民政部关于清理整顿社会团体请示的通知》（国办发〔1990〕32 号）、《国务院办公厅转发民政部门关于清理整顿社会团体意见的通知》（国办发〔1997〕11 号）。自此，湖北省的社会团体管理工作开始走上规范的轨道。

1990—2000 年，省政府按照国务院和民政部的要求，先后三次主持对省内社团进行清理整顿，建立了双重管理体制，实现了对社团的统一、归口管理。

1. 第一次清理整顿

1989 年，省政府按照国务院要求和民政部部署，对全省社团进行清理整顿和复查登记。8 月，省政府成立湖北省清理整顿社会团体领导小组。省政府办公厅向各地各部门批转省民政厅《关于清理整顿社会团体的实施方案》，对全省社团清理整顿工作进行全面部署。对湖北省境内组织的协会、学会、联合会、研究会、基金会、联谊会、促进会、商会等社会团体（包括县以下各乡镇社会团体和跨村社会团体）进行清查，坚决取缔了非法成立或问题严重的社会团体，如 1991 年省民政厅对未经批准擅自成立的湖北省企业教育协作会、湖北省文化艺术协会命令解散。社会团体结构趋向合理，社会团体活动被纳入法制的轨道。

清理整顿、复查登记工作于 1992 年 9 月结束。参加清理整顿的各级各类

社团 9172 个。其中，复查登记 6493 个，合并 693 个，解散 847 个，撤销 373 个，取缔 6 个，缓登 760 个。清理整顿工作扭转了全省社团重复设置、过多过滥的局面，总数由 9172 个减少到 6493 个，减少了 29.2%；保留登记的社团逐一落实业务主管部门，明确了登记管理机关和主管部门各自职责；初步建立社团管理制度；公民结社纳入了法制化的轨道。

2. 第二次清理整顿

1997 年 5 月，湖北省按党中央、国务院要求，启动第二次社会团体清理整顿工作。1990 年社会团体由民政部门归口登记后得到健康发展，在社会上发挥了积极作用。在此发展过程中，出现新的问题：一些社会团体领域分布较广，结社人员条件宽泛，活动超出法定范围；登记管理力量有限，管理工作漏洞较多；挂靠单位、业务主管部门与相关社会团体关系松散，监管缺位；一些受境内外敌对势力支持操纵的社会团体成为对国家进行公开、“合法”斗争的阵地。

清理整顿以邓小平建设有中国特色的社会主义理论和党的基本路线为指针，清理非法社团，查处违法违纪社团，规范社会团体行为，加强社团管理，提高社会团体的整体质量，确保其在改革开放、经济建设和社会发展中发挥积极作用。除省总工会、团省委、省妇联、省科协、省文联、省作协、省社科联等 14 个团体外，所有社会团体都要参加清理整顿。

此次清理整顿过程中，省政府办公厅印发了《湖北省清理整顿社会团体实施方案》，召开了全省清理整顿社会团体工作会议，全面部署清理整顿工作。1997 年 11 月，省政府办公厅转发省民政厅有关意见，进一步明确了社团清理整顿的范围、对未登记和擅自开展活动社团的处理方法，规定社团登记的必备条件，重申社团需在民政部门登记注册的要求。

1998 年 2 月，湖北省民政厅完成了民政部委托管理的 60 多个在鄂全国性社团及其分支机构初步审查工作；省民政厅登记管理的 720 个社团，首批有 127 个通过了审定，换发了证书；查处社团违法违纪行为 21 起。11 月，民政部对清理整顿有关问题做出补充规定；12 月，省民政厅就清理整顿工作作出具体规定，明确任务和要求。1999 年 4 月，第二次社会团体清理整顿工作基本结束。

3. 第三次清理整顿

2000年初，全省对气功类社团展开清理整顿。省民政厅成立气功类社团专项清理整顿工作领导小组。2000年4月，在赤壁市召开全省清理整顿气功类社团专项工作会议，各市、州、县民政局分管社团管理工作的局长、社团管理科（处、股长）长近200人参加会议。会议对全省做好气功类社团清理整顿工作进行了动员和部署，研究讨论了气功类社团清理整顿中可能出现的各种问题。为确保对气功类社团分类处理积极稳妥、符合法定要求，省民政厅下发《关于做好气功类社团分类处理工作的通知》，规定了处理的原则、方法、程序、时限要求。到2000年11月清理整顿工作基本结束，全省注销或撤销了44个综合类气功社团，功法类气功组织及其分支机构绝大部分被注销、撤销或取缔。全省通过清理整顿，摧毁了对社会有危害气功组织的组织体系，对涉嫌经济和刑事犯罪的气功组织头目及骨干分子依法进行了打击处理；对各种气功组织的财产依法进行了清理和处理，对有害气功组织的宣传品和气功类物品进行了清缴和销毁。

经过三次整顿，社团总量由1989年的13000多个减少到2000年的6000多个。全省社团数量虽然大为减少，但由于减少了重复和交叉设置，对社团进行了结构调整，加强了规范管理，挤掉了泡沫和水分，使其布局更为合理，整体质量有所提高，行为活动逐步规范。这一时期的主要社科社团如下。

1991年3月，成立湖北省地方人大工作研究会。研究会主要总结、交流地方人大工作的实践经验；研究地方人大工作中的理论问题，向有关方面提出建议和咨询意见；宣传关于地方人大工作的法律知识，协助有关方面培训地方人大工作人员；组织调查研究，主办刊物，编印资料，传播有关地方人大工作的动态和理论信息；与省内外有关社会团体联系，开展广泛的学术交流。

1992年9月，湖北省中央企业会计学会成立，它是中央企事业单位财会人员的会计之家。学会主要从事财会科学理论研讨，编辑出版《财政监督》杂志，开展财会知识培训、经济咨询，受相关行政主管部门委托对中央企事业单位财会人员进行管理。

1994年1月，湖北省民营经济研究会成立，其主要职能是积极向全省民营企业提供投融资高科技人才和技术以及新名特优产品和专利技术推广信息服务，协助开展各种展览展销和企业形象宣传活动；建立和完善全省民营经济信息网，积极为民营企业提供全面、快捷、准确的各类信息服务，增进与省内外、国内外的交流与合作；根据全省民营企业发展状况，积极培育选拔和吸纳优秀民营企业，支持优秀民营企业做大做强；依据国家法律法规及有关政策，支持和促进民营企业信用管理和服务系统建设；依法维护民营企业的合法权益。

1994 年，湖北省生产力经济学会成立。学会主要组织专家学者和企业家就生产力经济的基本理论、特征、制度体系、具体形式、运行机制、操作方法进行探讨研究；组织形式多样的学术交流活动，定期召开会议交流工作情况；为政府和有关方面提出政策建议等。

1994 年 9 月，湖北省人民政协理论研究会成立。研究会组织并推动人民政协理论与政策的研究，总结交流地方人民政协工作的实践经验；宣传人民政协的理论和政策，组织并发展人民政协理论研究队伍；开展人民政协理论的学术交流活动，编辑有关刊物和资料。

1995 年 6 月，湖北省卫生统计与信息学会成立。研究会业务范围是团结和联系湖北省卫生统计系统的理论工作者和实际工作者，组织卫生统计理论与实际方面的研究和交流；指导、协调全省各地卫生统计学会的组织活动，组织开展全省卫生统计领域优秀成果奖的评选。

1995 年 9 月，湖北省政策研究会成立。研究会主要围绕党和政府的中心工作，组织力量开展广泛深入的调查研究，并根据需要组织专题政策研讨会，为决策部门提供决策依据和政策建议；组织力量对有关政策方案进行论证和评审；为企业及其他社会组织提供政策咨询；进行政策理论研究，探索政策研究的科学方法，推动社会主义政策学的发展；对全省政策研究成果进行评选和奖励，开展经验交流和学术交流活动；培训政策研究人员，提高政策研究人员的素质；广泛收集国内外政策研究信息，了解和掌握政策研究的现状与发展趋势。

1996 年 7 月，湖北省国际友人研究会成立。学会主要研究支持中国革命和建设的国际友人的生平及其著述，介绍国际友人的事迹；举行国际友人的学术研讨会，加强中外新闻界、文学界的相互了解和友谊；撰写国际友人专访或其他纪实作品；协助省内有关外事机构举办国际友人的纪念活动；向有关部门申报研究课题及优秀成果评奖。

1996 年 9 月，湖北省行政管理学会成立。学会主要是总结推广行政管理工作的先进经验，为政府部门实现科学决策和高效管理提供咨询服务；开展行政管理学的研究，组织会员进行学术交流，编辑、出版学术书刊，开展学术活动；宣传行政管理科学的理论和知识，举办各种形式的座谈会、报告会、研讨会及培训班，丰富行政管理人员的专业知识，提高理论水平和实际工作能力。

1997 年，湖北省市场营销学会成立。学会下设学术委员会、教学指导委员会和营销实践指导委员会。学术委员会负责研究指导市场营销理论研究和学术活动的开展；教学指导委员会负责研究指导全省高校市场营销专业的教学与合作交流，营销实践指导委员会主要负责研究、指导学生营销实践活动开展，促进专家学者与企业营销管理专家的合作。

1998 年，湖北省现代远程教育研究会成立。本会宗旨在于团结和组织全省电大系统教育工作者以及其他热心现代远程教育事业的人士，理论联系实际地进行现代远程教育的理论研究和应用研究，探索现代远程教育的特点和规律，充分利用多媒体技术、网络技术等现代教育手段优势，协调和组织湖北省现代远程教育研究，举办各种学术活动，推广现代远程教育理论及技术研究的成果和经验。

1998 年 4 月，湖北省地方税收研究会成立。研究会主要开展地方税收理论研究，调查、分析、研究地方税收工作中出现的新情况、新问题以及解决问题的途径和方法；探讨分税制财政体制下发挥税收职能、促进地方经济发展和地方税收增长的有效途径；开展与地方税收相关的社会服务工作，接受有关方面的委托进行税务咨询、业务培训、建账建制、经济论证、专题调查、税收筹划等活动。

1999 年 3 月，湖北省延安精神研究会成立。学会主要开展延安精神的理论研究和学术活动；为学习、研究、宣传延安精神，编辑出版本会会刊《中华魂》、学术专著和文学作品；举办讲座和展览等。

三、2001 年至今：湖北社科类社团的复兴

2001 年中国加入世界贸易组织后，湖北省进一步加大了改革开放的力度，

一些与市场经济发展密切，能直接推进经济发展的农村专业经济协会等类社团得到了较快的发展。全省社团活动日益活跃。省委省政府及有关部门不仅加强了对社团活动的管理，而且积极培育发展，采取各种措施，鼓励社团开展活动，发挥其应有的作用。社团呈现出种类多、范围广、规模大、覆盖面宽、质量较高、影响力强、行为规范等特点。

首先，社团数量增加，非常活跃。湖北省的社科类社团发展很快，学科门类齐全，地方特色突出。社科类社团数量从恢复之初的二三十家发展到现在的 145 家，如果加上分支机构和二级社团，数量更多；会员人数从几千人发展到今天十万之众。湖北省的社科类社团学科门类不仅覆盖了哲学、文学、史学、经济学、政治学、法学、文化学、教育学等人文社会科学的主要学科，还涉及人口学、体育学、妇女学等综合类学科。近年来，随着改革开放的深入发展、社会生活的深刻变革，一些新学科和新领域也纷纷成立学术研究社团，如这几年先后成立了具有湖北特色的武当文化研究会、三峡文化研究会、荆楚文化研究会、长江航海史研究会等。湖北省的社科类社团会员遍布全省各个大专院校、科研机构、实际工作部门，依靠社团组织，每年都要举行多种形式的学术研究、理论研讨会、科学知识普及咨询、专业知识培训、编书、办刊、调研考察等活动。一些科研成果还进入省委、省政府决策视野，为落实科学发展观、构建和谐湖北做出了积极贡献。

其次，社科社团业务主管单位由单一发展为多个。湖北省社科联在 2000 年以前是省级社科类社团的唯一业务主管单位，2000 年以后，湖北省民政厅发文重新认定社团业务主管单位以后，湖北省可以作社科类社团业务主管的厅局级单位增加到十几家。经过对社团重新划分归属以后，由湖北省社科联作为业务主管的社团从 150 多家变为 60 余家（加上近几年新成立的社团，目前有 70 家），其余的社团分别归属有关单位管理，同时仍保留省社科联团体会员身份。

第三，社团管理走向规范化、法制化。在全国性社会组织进行整顿过程中，社科类社团的规范化管理也开始逐步建立。1998 年国务院《社会团体管理条例》的出台标志着我国社会团体管理体系已经打破各省为政的格局，走上全国统一标准的法制化轨道。2003 年湖北省社科联根据国务院的《社会团体管理条例》和《湖北省社会团体管理办法》印发了《湖北省省社会科学界联合会社会团体管理暂行办法》(以下简称《办法》),这是湖北省社科类社会团体管理的第一个部门法规,将我省社科类社团管理纳入法制化轨道。《办法》对湖北省社科类社团的思想政治建设、组织建设、学术理论建设、工作环境建设、档案资料建设制定了统一标准,将社团建设的各项指标分解量化评分,每两年进行一次标准化社团评估活动,并在此基础上开展社团评先和社团工作者评先活动。同时,初步形成优胜劣汰机制,设立优秀成果奖,制定《湖北省社会科学优秀成果奖励暂行办法》,奖励对中国特色社会主义理论和促进经济社会发展有重大贡献的优秀科研成果,以调动和激发社会科学工作者的积极性和创造性。并且,湖北省为加强对省级社科类学术团体的管理,制定了《省级社科类学术团体年度检查初审实施办法》,对社团的法律法规和有关政策遵守情况,业务活动开展情况,经营活动开展情况,财务管理和经费收支情况,机构设置、人员聘用及变化情况,负责人变化情况,下一年度工作计划等内容进行审核,对不合格或者一些常年不举办活动的社团进行及时清理。根据2004年度湖北省社科联提出的“摸清社团底数,盘活社团存量,规范管理制度,促进社团发展”的工作思路,设计了实施方案。根据规定,对名存实亡的社团予以撤销。2002年以前社团数量只增不减,而2002年之后社团数量有增有减,这从一个侧面反映出湖北省社科类社团的管理已经走上法制化轨道。现在,依法行政已经成为社团登记机关和业务主管单位的共识。

在这一背景下成立的社科社团主要有:

2000年,湖北省当代经济研究会成立。研究会主要是组织和推动会员研讨市场经济走势,探索改革方略;通过调查研究服务企业,为政府和企业当好管理和决策的参谋;组织企业开展经贸考察活动;向有关部门申报研究课题及优秀成果参与评奖,办好会刊《当代经济》。2000年7月26日,湖北省地区经济开发促进会成立,业务主管单位是湖北省经济委员会。学会在省经委的领导下,协助有关部门积极做好全省工业、农业、交通、城建、科技等方面的研究和开发工作;组织国内外、省内外、地区间企业间经济、科技交流与合作,不断提高湖北省科技会计含量水平;开发并引进先进实用技术,对传统企业、传统产品进行连接,促进企业升级换代;开发新型产业,促进全省旅游等相关产业的发展,充分发挥湖北省高科技、龙头企业的优势,促进工农业产品产业化进程;加强学术交流,促进产、学、研的活动,根据不同地区、行业的需要，开展多层次、多渠道、多种形式的人才培训活动；开展协作咨询、中介、招商引资等服务。另外，2000 年 11 月 25 日，在中南民族学院举行的武汉高校古典文学教学研讨会上，与会代表共同倡议，成立湖北省古代文学学会。

2001 年 10 月，湖北省现代企业制度研究会成立。研究会组织专家学者和企业家就现代企业制度进行探讨研究；就社会主义现代企业制度的建设和完善进行调查研究，为政府及有关部门制订方针是政策提供建议；发起和组织并开展大区域性及省、市、区各种类别的大中型论坛和专业性的研讨活动，为大力推动区域经济和地方经济快速发展服务。同年成立的还有湖北省内部审计师协会，协会对内部审计实行自律性行业管理；为内部审计机构和内部审计人员提供业务指导和开展各种事业服务活动；维护内部审计机构的独立权威性和内部审计人员的合法权益。

2002 年 2 月，湖北省国际税收研究会成立。研究会主要联系和组织各界相关人士开展国际税收理论研究；宣传我国税收制度和对外税收政策，介绍国外税收动态，促进国际间税收协调与合作，组织各种形式的税收学术和实务交流，广泛开展交流活动；接受有关方面委托，承担有关国际税收问题的调查研究、税务咨询、人员培训、学习考察和政策法规的查证、论证以及税收筹划、财务管理等项业务；组织评议国际税收学术研究成果并进行奖励。

2002 年 7 月，湖北省三峡文化研究会成立。研究会主要以长江三峡地区（重庆至鄂西）为文化研究区域，研究当地的山水旅游文化、历史考古文化、人文地理文化、制度经济文化、历代名人文化、少数民族文化、水利水电工程文化等。

2003 年 8 月，湖北省比较文学学会成立。学会组织和推动会员开展比较文学学术研究活动；分析国内外比较文学研究的最新动向和态势；加强省内高校、科研机构之间比较文学研究与教学的经验交流；定期开展比较文学研究与教学成果的研讨和评奖活动。

2003 年 9 月，湖北省荆楚文化研究会正式成立。研究会主要是发掘荆楚文化遗产，探索人类发展的规律，继承人类优秀文化成果，不断开拓创新。在研究荆楚文化的理论和实践中发挥其作用，努力在湖北省物质文明、政治文明、精神文明、和谐社会和先进文明建设中做出更大的贡献。2003 年 9 月 26 日，湖北省节庆研究会成立。这是中国地方最早成立的节庆学术活动的社会团体。为适应发展需要，2007 年将服务范围由节庆活动扩大到会展业务，更名为“湖北省节庆会展研究会”。研究会成立以来，在湖北省策划指导了诸多节庆及会展活动，如 2006 年与湖北省文化厅、市体育局、市旅游局共同发起并具体组织“湖北省首届十佳现代节庆”评选；2007 年 3 月在武汉承办“第十七届中国兰花博览会”；2007 年 5 月创办“中华节庆会展网”等。

2003 年 12 月，湖北省武当文化研究会成立。研究会主要开展武当文化及相关问题的理论与实践研究；组织与支持会员积极开展武当文化研究及相关的各项活动，举办形式多样的学术研讨会、座谈会、专题报告会、讲座及考察等；加强和促进包括学术团体及个人在内的武当文化学术交流活动等。

2004 年，湖北省房地产经济学会成立。学会主要是研究探讨房地产业改革和发展方面的理论、方针、政策，向政府和企业提供咨询建议；收集、整理、传播国内外房地产经济技术情报和市场信息，编辑出版行业报刊、文献和有关资料，开展咨询活动；对地方房地产业进行理论指导、咨询和调研，组织经验交流，拓宽发展理念，促进地方房地产业的持续协调和健康发展。

2004 年，湖北省创新研究会成立。研究会倡导创新、求实、协作的精神，团结广大有志于创造与创新研究的各界人士，共同促进创造与创新的研究和实践，弘扬创新精神，开发创新能力，为实施我国“科教兴国”和“人才强国”战略服务。

2004 年 4 月，湖北省社区文化研究会成立。研究主要用社会科学的方法探讨研究、推进知识时代的社区文化；重点研究导入信息进社区，帮助社区在模式化建设的基础上形成自己的文化特色；从人文、景观、经济体制、就业等方面探讨社区知识化管理，向有关部门提供社区建设、管理、发展等方面的调研信息。

2005 年 8 月，湖北省公共管理研究会成立。研究会以探索公共管理改革及发展规律为宗旨，坚持以开展学术交流作为主要工作，努力探索和广泛交流公共管理改革与发展的理论与经验，注意及时分析新形势，研究新情况，提出新对策。

2005 年 12 月，湖北省孝文化研究会成立。研究会主要进行孝文化的理论与实践，对社会主义先进文化开展研究，对孝文化进行挖掘整理；编辑出版有关孝文化史料；组织孝文化理论研讨会和学术交流活动，为会员提供信息咨询服务；依法创办经济实体，进行孝文化产品的研发和服务。

2005 年 12 月，湖北省吴楚文化研究会成立。

2006 年 1 月，湖北省长江航海史研究会成立。研究会承办中国航海史研究会布置的各项任务，收集整理长江航运历史资料，开展学术活动；组织编写长江水系航运丛书，航运学科学技术著作和编写出版《长江航运年鉴》；促进横向联系，加强是协调长江水系航运部门与有关单位之间的沟通与合作，开展与国内外同行的合作与学术交流等活动；深入开展航运研究成果推广工作，发现人才，培养人才，积极向上级推荐人才。

2006 年 6 月，湖北省大型企业精神文明建设研究会成立。研究会组织和推动会员开展企业精神文明建设理论学术研究活动；探讨湖北省企业精神文明建设的具体经验以及开展有关对策咨询；向有关单位和部门申报研究课题，对优秀成果进行评奖；组织相关业务的培训等。

2006 年 12 月，湖北省演讲协会成立。协会团结会员，开展演讲方面的教学、科研、实践活动及有益于社会发展和普及提高全社会的口语表达能力的活动，加强与全省全国各地演讲界的联系与交流，为促进湖北省演讲水平的提高，促进湖北省三个文明建设，并为实现建设文化大省、和谐湖北的战略目标服务。

2009 年 3 月，湖北省婚姻家庭研究会成立。研究会是在湖北省妇联的倡导下，经湖北省民政厅注册，由湖北省社会科学联合会领导的专注婚姻家庭研究的学术团体。自研究会成立以来，一直注重于婚姻、家庭、情感学领域的发展和研究，依托旗下 200 余名国内资深婚姻、情感、心理、社会学方面经验丰富的专家、教授，坚持在婚姻、家庭、情感学领域进行专业化的发展和研究。

2009 年 7 月，湖北省礼仪学会在汉成立。该会旨在成为湖北省开展礼仪教学研究的平台，通过活动、著作、讲座、大赛等推广和普及礼仪知识。

2009 年 12 月，湖北省中小学学校文化研究会成立。研究会旨在团结全省有志于从事学校文化研究的专业人员和教育一线工作人员，围绕学校文化建设的重大现实问题展开学术和理论研究，探索中小学文化建设的正确方向，总结经验，搭建平台，推出高质量的学术成果。

2009 年 11 月，在王善才等专家的努力下，湖北省野人考察研究会恢复成立，并于 2010 年 4 月正式启动。

2010 年 8 月，湖北省廉政文化建设研究会成立。研究会是由从事廉政文化建设的实际工作者和理论工作者自愿组成的群众性学术团体。其宗旨是以马列主义、毛泽东思想、邓小平理论和“三个代表”重要思想为指导，深入贯彻落实科学发展观，紧紧围绕保持党的先进性，提高党的执政能力，进行廉政文化建设研究，开展廉政文化建设活动，组织学术交流，大力弘扬廉政文化，努力为形成“以廉为荣、以贪为耻”的良好社会风尚做贡献。

2010 年 11 月，湖北省周易学会成立。其宗旨是遵守宪法是法律是法规和国家政策，遵守社会道德风尚，在宪法、法律、法规和国家规定的范围内，弘扬民族优秀传统文化，深入研究易学文化，培养易学人才，开展易学学术交流活动，展现湖北省易学研究力量，促进易学研究事业的不断发展，为社会主义现代化建设事业服务。

2012 年 3 月，湖北省城乡统筹发展研究会在中南财经政法大学成立。研究会致力于成为湖北省研究城乡统筹发展的平台，更好地履行为城乡发展建言献策的使命，为推动湖北城乡统筹发展的理论建设和实践活动服务；其主要任务是从城乡统筹发展的需要出发，针对城乡统筹发展的前瞻性、现实性问题以及外部环境进行广泛的调查研究，为城乡发展决策和管理提供科学依据；针对城乡统筹发展中民众最为关心且迫切需要解决的问题开展宣传教育培训活动，提高公众参与推动城乡统筹发展的自觉性。

2014 年 2 月，湖北省国学研究会成立。研究会业务范围是研究会遵循研究中华传统文化、继承弘扬爱国精神的原则，旨在促进国学的研究和传承。

2014 年 3 月，湖北省大学语文研究会成立。研究会主要是加强人文素质教育和大学语文课程的学科发展，便于广大教师探讨本学科教学规律、交流科研成果和教学经验。

从整体上来看，湖北省社科类社团的设立与同时期经济、社会、文化和学术的发展需要和潮流息息相关，具有鲜明的时代特色。

20 世纪 80 年代成立的社团，一是集中于一级基础理论学科，如历史学会、经济学会，主要挂靠高等院校；二是集中于富有行政职能的应用学科，或为职能部门的实际工作服务，如教育学会、审计学会等，挂靠党政群机关，“官办”色彩浓郁；三是比较注重意识形态和思想教育工作，成立了党的建设研究会、科学社会主义学会等。

20 世纪 90 年代成立的社团，一是学科、行业领域更加细分，集中于二、三级学科领域，如延安精神研究会、国际友人研究会等；二是成立了为企业服务的社团，如民营经济研究会、市场营销学会等，挂靠于非党政群机关和高校等单位，具有“民办”性质；三是开始关注在新兴学科领域和政府支持问题方面的研究，如卫生统计与信息学会、行政管理学会、政策研究会等。

2000 年至今成立的社团，一是与 20 世纪 90 年代关注学术、经济发展相比，开始关注人民的文化精神生活，如成立了武当文化研究会、吴楚文化研究会、三峡文化研究会等社团；二是更加关注人类本身的生存发展状态，成立了野人考察研究会、孝文化研究会、演讲协会、礼仪协会等，这些社团基本上都是“民办”或无挂靠单位型社团；三是部分跟不上时代和经济社会发展步伐的社团或学科行业过分狭窄的社团开始消亡，如考古学会等。

第二章　湖北社科类社团历史发展的演进动力

纵观湖北省社科类社团历史的演变，从确立到发展，从停滞到复苏，从无序到规范，背后无不体现出时代的烙印。我们走访和观察了省内十几个典型的社科类社团，力图通过与他们的对话和记录，体现出这类社会组织跟随历史的脚步所表达的思想观念、精神状态和时代标识，感受到这类社会组织对现代化发展所作出的回应和调整，也发掘出社科类社会组织背后的影响机制。国家的政策指向、领导者的意志表达、经济的发展需求、社会的集体性行动等，成为社科类社团发展中不可缺失的要素。

一、国家意志与政策指向

从湖北省早期社团的发展看，新中国成立至改革开放后的这一阶段，在政府与社会团体的关系方面呈现出“政府主导”局面，政府展现出“全能”色彩，掌握着权力与资源，决定了社团的生成模式。政府的政策与态度决定了社团的生成与发展，影响着社团存在的环境，特别是一些重大的事件，在社团发展中影响至关重要。以湖北省政治学会为例。1976 年，“文化大革命”结束，社会政治秩序步入正轨，社会环境宽松，为社会团体的发展创造了条件。正是在这样的背景下，1977 年 12 月，湖北省政治学会成立。1978 年 5 月“实践是检验真理的唯一标准”大讨论展开，1979 年 3 月，邓小平指出政治学需要赶紧补课。政治环境的变化推动了学会的发展，此后学会发展步入正轨。

再例如在谈到湖北三国文化研究会的历史时，会长这样回应：

访谈者：您主要负责的是三国文化研究会是吧？

X博士：对，三国文化研究会是2007年成立的。它的起源是什么呢？就是当时的中宣部部长2006年来湖北考察，在湖北各个地方走了之后，就发现湖北的三国文化资源很多，比如荆州，就说要加强三国文化的研究，当时我们省的宣传部部长跟着一起调查，回来之后就把这个任务交给我们院来筹备，所以2007年这个学会就成立了。

访谈者：在这之前我们是不是没有这方面的研究？

X博士：也有，原来有个《三国演义》研究，那是全国性的，湖北可能也有，但是他们主要是做《三国演义》这一方面的学术研究，但我们这个三国文化是个综合性的，历史、文化都包括，而且和现实联系得更紧密一些，是从为现实经济服务这样一个角度来开展的。领导考察后也更关注一些，这样就推动了研究会的发展。

可见，三国文化研究会成立的推动力是背后国家高层领导的重视，而且走的是服务现实经济与社会发展的路线，体现出较强的服务于国家政策的倾向性。

再看工商行政管理学会的成立：

访谈者：当初这个学会成立的目的是什么呢？

秘书长：目的就是要繁荣工商行政管理的研究。

访谈者：这个是当时省工商局有这个想法还是因为某一个契机？

秘书长：这是个风潮，你看国务院下面有这个中国行政管理学会，它不是放在高校的，而是放在国务院的，原来的国务院秘书长兼任会长，所以这个是自上而下的，同样，税务有税务学会，审计有审计学会，这个跟高校研究是不一样的。

访谈者：这个是跟政策相关吧？

秘书长：是的。

总体上来看，1978年国家实行改革开放，形成了较为宽松的政治环境和社会氛围，为民间社会组织发展提供了必要的条件，民间社会组织进入了恢复发展时期。但是由于大量社会资源不规范地、非正式地依附在政治框架之下，加之自身发育并不健全，虽然社科社团具有独立化的发展趋势，却无法脱离“官民”二重色彩，必须依赖政府强势介入。社科社团为了在博弈中获益，从政府获得更多的发展资源，往往将行政化作为必要的策略选择。湖北省社科类社团无论是兴起、清理整顿还是后续发展，其背后都有深刻的国家行为或政策导向，同时，这些组织也伴随着时代的呼唤和社会前进的步伐而不断出现新的角色与功能的变化。

二、经济体制转轨与市场体制发展

1987 年党的十三大报告突破改革初期计划与市场各自为政的老框架，提出“社会主义有计划商品经济的体制，应该是计划与市场内在统一的体制”，“市场”在国民经济中所占比重逐步提高，在某些领域甚至开始起主导作用。1992 年邓小平南方谈话开启了中国特色社会主义市场经济体制建设的序幕。党的十四大报告明确提出，我国经济体制改革的目标是建立社会主义市场经济体制。1993 年党的十四届三中全会通过的《中共中央关于建立社会主义市场经济体制若干问题的决议》，进一步提出了中国社会主义市场经济体制的基本框架。2002 年 10 月，党的十六大宣告，我国社会主义市场经济体制初步建立。2003 年党的十六届三中全会通过了《中共中央关于完善社会主义市场经济体制若干问题的决定》，对建立完善的市场经济体制进行了全面部署，这标志着中国经济体改革进入完善社会主义市场经济体制的新时期。现代企业制度逐步建立，企业全面参与市场竞争，成为真正的市场主体。配套的制度改革陆续开展，社会保障制度逐步建立，收入、就业分配机制不断完善。

市场经济活动使公民的话语表达、自治管理等权利得以释放，既为社科社团的生存、发展奠定了制度土壤，又为其提供了空前良好的物质基础和思想基础，促使社会组织功能逐步分化。计划经济体制下，“单位”既是人们职业身份的象征和获取各种利益的场所，也是个人与他人、国家和社会发生联系的主要媒介。社会主义市场经济的建立与完善，使“单位”一体化的政治、经济和社会职能日益分解，这就需要不具行政属性和经济职能的社会团体来承担政治、经济组织不应承担、不便承担、无力承担的一些协调、协作、社会服务、自我管理、对外交往、发展科技文化事业和公益事业等社会功能，从而为社会团体的兴起提供了广阔的发展前景，使结社活动获得了更为普遍的社会意义。市场经济体制的建立，还带来了对市场行为、市场管理、市场机制以及市场发展等多方面的探讨，各种针对市场经济体系建设的研究主题也使社团组织出现了一个快速的增长。中国社会学研究会、中国法学会、中国政治学会、中国管理学会等一大批社科类社团纷纷成立。社科社团可以满足多样化的社会需要，因此业务活动得到相应扩大，其发展呈现出了数量增加、领域拓宽、分布更阔、影响提升、服务多样等特点，而且他们的研究重点也跟随着市场经济瞬息万变的形势不断进行着调整和变化。例如湖北省工商行政管理学会的产生与发展，与经济体制的变化息息相关。学会秘书长这样说：

秘书长：我是2014年底来的这个学会，学会秘书长换得比较频繁。我们学会专门从事工商行政管理研究，是由学者、专家组成的学术型、非营利性组织。但是我们这种社团说实话跟那种高校法学会、经济学会档次隔太远了，因为工商行政管理专业在高校1998年调整专业目录的时候就已经没有了。

访谈者：换成了工商管理吧?

秘书长：不是，这个我得给你们解释一下，工商管理和我们的工商行政管理完全是不一样的，工商管理是Business Administration，而我们叫工商行政管理，是Administration forcomass and industry.

访谈者：哦，一个是经济方面的，一个是行政方面的。

秘书长：对，人家培养的是企业管理方面。

访谈者：那有的行政管理专业里面是含有工商行政管理的吗?

秘书长：现在工商行政管理这个专业是不存在的。

访谈者：我记得九几年的时候还是有的，记得我们当时上大学的时候，华师、武大还是有的。

秘书长：是，但是1998年就取消了，已经没有这个专业了。

访谈者：那它这个专业取消调整是有什么原因吗?

秘书长：可能专业划分得太细了，实际上我们这个交叉性比较强。我简单介绍一下工商行政管理是干什么的。原来是管提篮小卖的，提篮小卖就是小商小贩。现在工商行政管理定位是市场监督管理部门和行政执法机关，工商行政管理就是干这个事儿的。

访谈者：就相当于它出现了一个转型，以前是针对集贸市场、小商品经济做一些的……

秘书长：对，那要说这个就太远了。

访谈者：我问一下，您这个学会是哪一年成立的？

秘书长：我们这个学会是1985年成立的。

访谈者：那个时候主要是针对私营工商业是吧？

秘书长：那是1952年，1952年的时候是针对私营工商业。

访谈者：哦，这个您说的不是学会本身是吧？

秘书长：对，现在说的是工商行政管理的概念，我们工商行政管理是干什么的呢？原来叫"六管一打"，"六管一打"就是个体管理、企业管理、市场管理、合同管理、广告管理、商标管理，这就叫"六管"，"一打"就是打击假冒伪劣产品。现在我们通常说工商是指三大块，第一大块就是管市场的准入和退出，我们第二块就是管市场秩序，第三大块就是消费者权益保护。我们工商学会肯定是围绕工商行政管理转的，我们不能脱离它。

工商行政管理学会因国家对工商管理的需求对应而生。伴随着市场经济的建立与发展，工商行政管理在深度和广度上有了很大发展，工商行政管理的职能、职责和工作范围有了更多的转变。1999年12月，省工商学会在武昌召开了"探索监管的新方式、新方法，加大监管力度，促进职能到位"理论研讨会，强调工商行政管理部门应紧紧围绕市场监管和行政执法基本职能，重新调整监管目标、重点及方式方法，以创立高度统一、精简高效、合理规范的监管机制。要由对市场的静态监管转向对市场行为全过程的动态监管；由对市场行为分散专业监管转向对市场行为的辖区综合监管；由对整治市场秩序的突击性清理转向整治市场秩序的经常性清理；由对市场粗放型经验型监管转向现代科学型监管。可见，学会工作与市场经济多元化发展、与工商行政管理的改革与完善是密不可分的。

三、社会结构转型与阶层分化

在新的历史时期，中国社会结构由总体性社会向分化性社会转变。具体来看，表现出以下几个特征：一是社会分层结构的变化。中国社会由政治分层逐渐转变为经济分层，身份弱化，以非身份指标区分社会地位的趋势加强，新的社会阶层出现。虽然还存在着户籍的限制，但总的来说已经产生了很大的松动。从"离土不离乡"到大规模农民工的出现，传统的城乡二元结构逐步被打破，户籍制度的改革更是为城乡居民的身份平等拉开了序幕。人们社会阶层间的横向和纵向流动都逐步打破了身份限制，人们可以通过自身努力，比如教育，实现社会阶层的向上流动。当然，这一身份制度尚未被完全打破，制度残余仍发挥着效力，如城乡之间的二元区隔、地域之间的身份差别等仍然存在。

另外，中国的社会阶层结构已经从原来的"两阶级一阶层"分化为多个不同阶层，新的社会阶层不断出现。2002 年初发表的《当代中国社会阶层结构研究报告》一书中以职业分类为基础，依据组织资源、经济资源、文化资源的占有状况将全国社会成员划分成十大阶层：国家与社会管理者阶层、经理人员阶层、私营企业主阶层、专业技术人员阶层、办事人员阶层、个体工商户阶层、商业服务业员工阶层、产业工人阶层、农业劳动者阶层、城乡无业、失业、半失业者阶层（陆学艺，2002）。在中共十六大报告上将新阶层归纳为六类：民营科技企业的创业人员和技术人员，受聘于外资、外企的管理技术人员，个体户，私营企业主，中介组织的从业人员，自由职业者。他们与中国经济体制的改革、所有制改革伴随出现，是市场经济发展中的新群体。其中最有特色的是私有经济的所有者，承认这一群体的社会地位对于中国社会主义革命与建设的历史也是一种实验（李强，2008）。

我们以湖北省粮食经济学会关注"粮食经纪人"的事实为例。该学会成立于 1987 年，当时正处于农村经济体制改革的关键期，粮食安全和粮食发展问题突出。学会确立的业务范围包括协调、指导全省市、州粮食经济学会的业务活动，其中围绕粮食安全与粮食经济工作的转型开展的相关研究贡献突出。而在计划向市场的转型中，粮食收购也经历了从统购统销向市场化的转变，粮站职能缩减，粮食“经纪人”应运而生，填补了基层粮食收购空白。同时，粮食经纪人也经历了身份合法化的过程，如何实现身份的认同与合法化等问题，亟须新的思考和解决，粮食经济学会在这一期间不断回应现实的问题，展开研究与讨论。

访谈者：那你们一般关注什么样的话题呢？

秘书长：我们这两年做有两个课题吧。一个就是2010年的时候我们做了一个课题，就是调研我们省的粮食“经纪人”队伍的状况。粮食“经纪人”是一个新的产物，以前叫他们“粮贩子”，没有给他一个名正言顺的身份。粮食企业改革以后，我们下面很多企业还有收购点都撤掉了，那么这个中间环节怎么办呢？现在就是用这个粮食“经纪人”来代替以前的粮站来收购粮食。基于这一点，我们写了这方面的文章，形成了《湖北省的粮食经纪人的状况》这一调研报告，这个报告也荣获了国家粮食局软科学的二等奖。另外我们还办了一个粮食经纪人的培训班，因为他们这些人基本上都是农民，需要专业培训。

访谈者：他们以前是不是没有组织没有身份的？

秘书长：他们以前是没有身份没有组织的，农民就是自发的，就像个体户一样的。他们现在就成了粮食收购工作的主体，一头连着农民，另一头连着企业。

访谈者：那现在他们跟粮食局有什么关系吗？

秘书长：他们跟粮食局也没什么关系，他们跟企业签订合同，约定大概收购多少粮食给企业，还是一个分散的组织。但是现在他们经营合法化了。而且我们下面有的组织也成立了粮食经纪人协会，也有粮食部门来管理他们。

访谈者：你们为什么会鼓励和支持他们去做这个事情？

秘书长：他们承担了粮食部门的一些收购工作。以前的一些粮站和收购点改革之后都没有了，而他们就填补了基层粮站的空白。

访谈者：那么粮站为什么要撤销呢？

秘书长：现在不是都要精简人员嘛，我们原来改革之前有二十几万人，改革之后就只剩几万人了，改革的力度相当大。现在是市场经济，肯定不能像以前那样了。

访谈者：也就是说改革以后，就完全走向市场化了，所以他们这些人就合法了。

秘书长：对对对，就是这个意思。

粮食“经纪人”是典型的社会分层和社会分化的表现，是在市场经济发展过程中，伴随着粮站的职能萎缩而社会需求不断放大形成的特殊群体。他们“一头连着农民，另一头连着企业”，承担着粮食交易和流通的重要功能。面对着这一新的事物和新社会阶层，作为社科类社团的粮食经济学会及时进行关注和研究，有助于保障粮食安全。

四、社会科学与人文精神的发展

改革开放以来，我国经济实现了迅速的提升，解决了基本的生存问题之后，社会和民众对精神、文化生活的需要已经变得越来越突出了。小说诗歌佳作不断，美术戏剧新潮迭起，各类思想碰撞不已，一场思想大解放，给社会政治、经济、文化带来全方位的大解放和大发展。管子云：衣食足而知荣辱，仓廪实而知礼节。当社会生活摆脱了绝对贫困，人们对个体精神世界的富足和社会伦理道德的和谐就提出了更高的需求，这直接促进了人文社会科学的发展，也成为社科类社团兴起的有力动力。

以邓小平同志为核心的党的第二代中央领导集体，把科学和教育提到战略高度。邓小平同志强调“科学当然包括社会科学”，他还具体地提出政治学、法学、社会学以及世界政治的研究要赶快补课。1977 年，党中央做出了成立中国社会科学院的决策。1983 年，全国哲学社会科学规划领导小组成立。1986 年，国家社会科学基金正式设立。以江泽民同志为核心的党的第三代中央领导集体提出科教兴国的战略。江泽民同志指出：哲学社会科学与自然科学“四个同等重要”，“我们必须始终重视哲学社会科学，加快发展哲学社会科学”。2004 年，党中央颁布《中共中央关于进一步繁荣发展哲学社会科学的意见》，组织实施马克思主义理论研究和建设工程。党的十七大提出，要鼓励哲学社会科学界为党和人民事业发挥思想库作用。改革开放以来的哲学社会科学事业成为由中国共产党领导的、以马克思主义为指导的、由广大科研工作者共同参与的、以弘扬中华民族优秀传统和外来优秀文化为己任的、以回答我国经济社会发展的重大理论和现实问题为主题的、旨在让全体社会成员共享我国社会主义文化建设成果的一项系统工程。在新的历史发展中，哲学社会科学担负了应对西方文化交锋、兼收并蓄世界文明、承接古今思想精华、提升中国话语权力的艰巨任务，担负了倡导科学精神、凝聚社会共识、汇集各方力量、引导价值取向的艰巨任务，担负了为“两个文明”“四个现代化”“五个发展”等改革发展稳定伟大实践提供思想保证、精神动力、智力支持的艰巨任务。[1] 显然，这一任务实现的背后离不开一群对中国精神、中国文化以及中国制度开展研究的学者、智者群体，而社科类社团也正是在这一制度背景下，不断传承着历史与文明，连接着传统与现代，构建着一套具有中国特色的社会主义经济、政治、文化、社会、生态文明制度体系。

例如，湖北省美学学会成立于 1981 年，是中国最早的美学学会之一。学会现有团体会员（常务理事单位）20 多个，个人会员 300 余人。30 多年来，学会在人才培养、审美教育与科学研究等方面成绩斐然，与北京、上海的美学学会形成“三足鼎立”之势。当年湖北省美学学会的成立，明显的带有历史的痕迹和当时社会的呼唤：艺术与美学文化的“八五新潮”运动，让美学成为显学，也让美学学会的成立成为必然，并且在当时产生了重要的影响。

访谈者：能不能介绍一下湖北省美学学会的发展历史？

Z 秘书长：湖北省美学学会起步于 20 世纪 80 年代初，成立的初衷是推动艺术与审美的交流。学会由武汉大学哲学学院著名教授，美学家刘纲纪先生发起成立。当时，中国知名教育家易中天先生还是美学学会的青年会员，是我们的早期会员。当时，易中天才二三十岁，刘纲纪四十几岁。当时，美术界兴起了著名的“八五新潮”运动，在全国产生了重要的影响，“文革”结束后，艺术复苏，全国十几个重量级的理论家和美学家都参与了这场运动，包括我的导师彭富春先生。当时的艺术和理论结合得很紧密。美学的主要研究对象是艺术以及审美经验。

访谈者：湖北美学学会可以持续发展，背后有什么深层次的原因吗？

[1] 杨清明：《现代国家治理视域下的社会科学普及》，《重庆社会科学》2015 年第 1 期，第 5 ～ 14 页。

L副秘书长：最主要的原因是在20世纪80年代，湖北老一辈的学者抓住了重要的时机，创建了这个美学学科。改革开放以后，人民对于美的意识与追求进一步提升，在西方美学的经验基础上，结合中国的具体实际，将感性的经验升华为美学理论，从而对美学界产生了巨大的影响。刘纲纪老师在20世纪80年代所著的《中国美学史》至今都是台湾部分大学的教材。以刘纲纪老师为代表的老一辈人抓住了机遇，奠定了其在美学界的地位，这对于湖北美学学会的发展也是至关重要的。

在这样一个大变革的时代，人们需要对现实生活、种种现实冲突有解释力的理论和思想，需要精神生活，需要理性的信念。尤其是在社会生活变化剧烈的时期，思想和艺术的发展对人的作用更加重要。20世纪80年代的哲学社会科学的蓬勃发展，建构出一个关注现代人的心灵需求、带有更多人文关怀、可以安顿人心的中国文化话语体系和跟每一个个人的精神世界息息相关的艺术信念话语。在当时“思想观念和价值取向日趋活跃、主流和非主流同时并存、社会思潮纷纭激荡的”意识形态领域发展之下，以美学学会为代表的社科类社团承担了“追求真善美”的历史担当使命，顺应了时代的潮流，成为“弄潮儿”。

再如楚文化研究会。

W副秘书长：1981年成立全国性的楚文化研究会，1991年我们才成立了湖北省自己的研究会。当时考古学界第二次全国年会的主题就是楚文化、楚文物，所以在80年代的时候，楚文化的研究已经非常热了。

访谈者：那也就是说这也是一个时代的产物？

W副秘书长：对对对，可以想象当时楚文化热的一种程度，当时的学界都在研究这个东西。然后问题来了，湖北省内自己还没一个研究会，当时湖北省出土的楚文物、楚墓葬又是非常有代表性的，再加上当时楚国的都城包括春秋战国时期的都城很多都在湖北省境内，湖北省内有很多这方面的学者，加上大家也想有这样一个交流的平台。所以到1991年的时候正式成立了当时的楚史研究会，后来改成了湖北省楚国历史文化学会。

楚文化研究会、三国文化研究会、炎黄文化研究会、水浒文化研究会等类似的研究型社团，它们都是湖北省内优秀传统文化的忠实继承者和弘扬者。它们兴起于全球化浪潮中的“文化热”，同时又以自己独特的研究方向保护着本民族文化的多样性。它们是当时时代精神风貌的展现，也是落实党和国家加强文化大发展战略的具体体现。

第三章　湖北省社科类社团的基本现状与日常机制分析

改革开放以来，随着我国市场经济不断发展壮大，经济社会持续走向繁荣，政府逐步转变自身职能，政府、市场与社会的边界逐步建立，各种社会力量不断成长，这为中国社会团体的成长壮大提供了肥沃的土壤。社科类社团作为社会团体的重要组成部分，其数量逐年增多，组织类型不断丰富，社会服务能力不断提升，学术研究范围不断拓展，社会影响力与日俱增，已成为一股重要的社会力量。因此，对社科类社团的具体发展现状做一番考察就显得十分有必要。本部分试图了解改革开放 40 多年来湖北省社科类社团现状，它们是如何进行日常管理的，又是如何发挥其作为社科类社团的基本学术、社会服务、政策支持等社会功能的，又存在哪些问题和障碍。主要通过问卷调查，对湖北省社科类社团现状进行实证分析。2014 年 1 月—2015 年 6 月，本课题组选取湖北省的社科类社团作为考察对象，采用问卷调查的形式，从 183 家社科类社团中随机抽样，采用电子问卷形式发放问卷 70 份，回收有效样本 52 份。具体的分析情况如下。

一、基本状况描述

（一）发展概况

从各社科类社团的成立时间、登记时间看，大部分社团成立（登记）于

20 世纪 80 年代，占 41.67%（43.75%），而在之前成立的该类社团很少，仅占 8.33%。20 世纪 80 年代后成立的社团约占半数。从整体趋势看，20 世纪 80 年代是社科类社团创设的高潮，之后进入稳定发展期。这种发展态势与社会经济发展形势以及政府对于社科类社团采取的管理政策密不可分。20 世纪 80 年代，改革开放逐渐全面铺开，社会氛围活跃，环境宽松，原有社会结构分化，一系列新生事物涌现。正是在这样的背景下，一大批社科类社团应运而生，它们是时代的产物。同时，这一时期，国家对于社团的管理相对宽松，并出台了一系列支持、鼓励其发展的政策，为其发展创造了条件。但是，伴随着蓬勃发展而来的还有一系列问题，诸如管理的不规范、制度不健全等问题，影响了社科类社团的健康发展。因此，进入 90 年代后，国家针对社团进行了两次大的整顿，对于问题社团予以整治、清理，社科类社团的发展也进入缓慢发展期和规范发展期。

表 1　湖北省社科类社团发展趋势

	成立时间		登记时间	
	频次	频率	频次	频率
1980 年以前	6	12.5	4	8.33
1980—1989 年	21	43.75	20	41.67
1990—1999 年	6	12.5	8	16.67
2000—2009 年	5	10.42	6	12.5
2010 年—至今	10	20.83	10	20.83
合计	48	100	48	100

湖北省社科类社团涵盖范围极广，不仅覆盖了哲学、文学、史学、经济学、政治学、法学、文化学、教育学等人文社会科学的主要学科，还涉及人口学、体育学、妇女学等综合类学科；并且，随着我省经济水平的不断增长，一些新学科和新领域也纷纷成立学术研究社团。因此从类别上看，社科类社团百花齐放，各个领域、各个学科均建立了相应社团，概括为以下几类，即文史哲学类社团、经济学类社团、政治学类社团、社会学类社团、教育学类社团等，目前大致分布如下表（表 2），可以看出，文史哲类、经济学类、教育学类是主要社团类型，占比较大（32.7%、21.2%、21.2%）。

表 2　社科类社团类型分布

社团类型	频率	百分比（%）
文史哲	17	32.7
经济学类	11	21.2
政治学类	4	7.7
社会学类	4	7.7
教育学类	11	21.2
其他	5	9.6
合计	52	100

但各类社团的发展并不同步。从其成立时间看，各类社团的成长期有所不同。文史哲作为传统社科门类，最先成立社团。可以看到，在调查样本的 52 个社科类社团中，1980 年以前存在的主要为文史哲类社团，占 83.33%，另有少部分（16.67%）的经济学类社团。而其他类型社团在 20 世纪 80 年代前尚未出现。进入 80 年代，各类社团百花齐放，政治、经济、社会、教育类社团均有所发展。

表 3　不同时期社科类社团类型分布

（单位:%）

	文史哲	经济学类	政治学类	社会学类	教育学类	其他	合计
1980 年以前	83.33	16.67	0	0	0	0	100
1980—1989 年	23.81	28.57	14.29	9.52	14.29	9.52	100
1990—1999 年	0	33.33	0	16.67	33.33	16.67	100
2000—2009 年	20	0	20	20	20	20	100
2010 年—至今	30	20	0	0	50	0	100
合计	29.17	22.92	8.33	8.33	22.92	8.33	100

同时，社科类社团的发展具有显著的区域差异性，区域之间社团发展不平衡。调查显示，94.23% 的社团集中在武汉市，而其他地市州发展明显滞后，仅有 5.77%（见表 4）。作为省会，武汉在经济社会发展、高校数量、科研实力方面处于绝对优势，以此为基础，发展出一批各具特色的社科类社团，而其他市州特别是偏远地市州明显落后。

表 4 湖北省社科类社团区域分布

区域	频率	百分比（%）
武汉	49	94.23
其他地市州	3	5.77
合计	52	100

同时发展水平也具有非均衡性。湖北省有 3/4 的社团每年能够主办 1 ～ 2 次学术理论研讨活动和理事会并按时年检；将近一半的社团工作抓得比较好，有活动，办有会刊、会讯；做得特别好的大约仅有 1/5，这些社团普遍善于整合社会资源，经费充裕，思想活跃，点子多，执行力强，工作成绩突出。但另有大约 1/5 的社团处于停滞状态，这部分社团存在的主要问题是领导班子不健全，对社团工作失去热情。同时，社团的规模发展也存在巨大差异，有的社团规模小、分支机构少，有的社团则规模巨大、分支机构众多，如湖北省法学会仅学科研究会就达 26 个，2015 年新发展会员 5000 余人，社团个人会员已达 17000 余人之多，社团会员达到 108 个。当然，社团之间发展的不平衡远不止此，其他诸如科研能力、学术成果等方面也存在较大差距，这对社科类社团的整体发展水平的提升形成了一定阻碍。

从社科类社团的发展轨迹以及不同类型社团发展轨迹，我们可以看到社科类社团的发展是社会经济发展的产物，也随着社会变迁、社会结构分化而不断变化，面对新的社会形势，社科领域的研究人员积极应对，广泛参与，思考社会的变化，顺应社会的变迁。同时，国家政策的变化直接影响着社科类社团的发展历程，它们随着政策的变化，也在不断做出调整，以适应社会发展的潮流，实现自身的健康发展。

（二）人员构成

根据最新统计数据，湖北省社科类社团约有 183 个。本研究随机抽取了其中的 52 个进行问卷调查。结果显示，52 个社科类社团的个体成员规模大约在 12680 个，均值为 259 个；团体会员数有 1727 个，均值为 37 个。由此推断，湖北省社科类社团的总个体会员规模估计在 3 万～ 4 万，团体会员数估计达到 3000 ～ 5000 个，会员规模庞大，在凝聚人才方面贡献突出。（下表为被调查社团的个体与团体成员数分布状况。）

表5、表6为湖北省社科类社团团体会员数与个体会员数分布状况，可以看到，部分社科类社团没有团体会员（34%），有团体会员的，主要集中在1～25个和26～50个（分别占27.7%、17%），总体看，团体会员规模处于中低水平。

表5 湖北省社科类社团团体会员数

数量	频率	百分比（%）
0	16	34.0
1～25	13	27.7
26～50	8	17.0
51～75	2	4.3
75以上	8	17.0
合计	47	100.0

从个体会员分布看，大部分社科类社团的个体会员规模在300人以下，其中100～300人规模占42.9%，个体会员规模维持在中等水平。300人以上规模社团占22.5%。

表6 湖北省社科类社团个体会员数

数量	频率	百分比（%）
0	2	4.1
1～100	15	30.6
101～200	12	24.5
201～300	9	18.4
301～400	2	4.1
401～500	4	8.2
500以上	5	10.2
合计	49	100.0

而从会员的来源看，来源广泛，重点突出。大部分社科类社团有来自高校的团体会员（56%）和个体会员（83%），其次分别是来自科研院所、企业、事业单位，而来自社会组织、社会团体的团体和个体会员为主的社科类社团相对较少。从会员来源上看，各类社科类社团会员来源较为广泛，而高校是重点。高校作为人才培养输出、学术研究、知识生产的基地，在社科类社团发展中同样是主要力量。

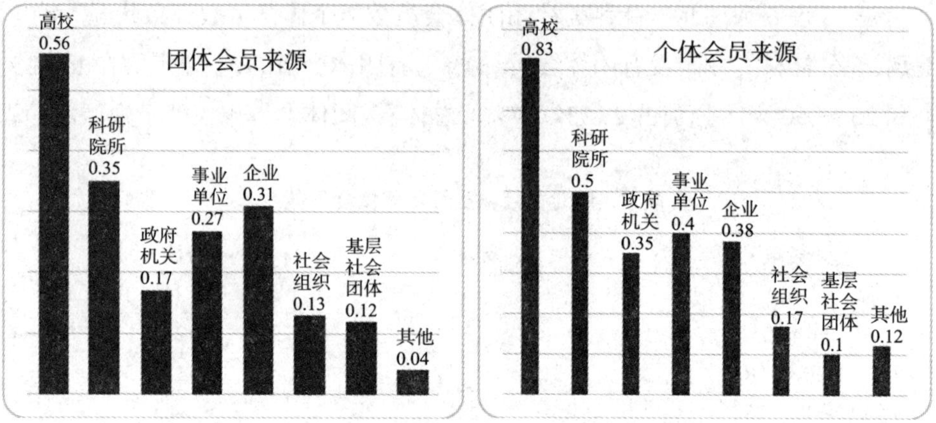

图 1　湖北省社科类社团成员分布图

对最主要会员来源的分析，同样可以看出，在诸多社科类社团中，成员最主要来源为高校，团体会员和个体会员分别占 46.88% 和 53.33%。高校是社科类社团的最主要阵地。基于高校的社科类社团发展将社科类社团置于高起点，发展动力强劲。高校人才汇聚，研究领域深刻而广泛，在社会结构转型中发挥着主力作用。

表 7　湖北省社科类社团会员最主要来源分布

	团体会员最主要来源		个体会员最主要来源	
	频率	百分比（%）	频率	百分比（%）
高校	15	46.88	24	53.33
科研院所	0	0	1	2.22
政府机关	4	12.5	2	4.44
事业单位	2	6.25	4	8.89
企业	7	21.88	5	11.11
社会组织	0	0	3	6.67
基层社会团体	2	6.25	3	6.67
其他	2	6.25	3	6.67
合计	32	100	45	100

二、日常管理状况分析

社科类社团的健康发展，其各项功能的充分发挥离不开良好的日常管理制度和管理体制。本部分即对其日常管理状况进行分析，考察其在制度建设、组织建构、日常事务与经费支持等方面的状况，从制度建设、组织结构、人力资源、日常事务运作方式方面综合考察其日常管理状况。

（一）制度建设

社科类社团有着严格的内部管理制度，如重大事项报告制度、民主议事制度、财务管理制度、年检制度、档案管理制度等，不断健全的制度体系，能够有效约束社团行为，规范社团运作，对社科类社团的健康发展起着积极的推动作用。

1. 重大事项公示制度

重大事项公示制度指社科类社团将内部重要决策及直接涉及群众切身利益的活动内容进行公开的办事机制，是宪法赋予公民的知情权得以实现的制度保障。社团通常采取事前公示、事中公示、事后公示三种方式向社团成员和社会公示。其中，社团日常运作情况，如人事安排、财务状况、活动进展等须向社团成员公示；社团整体基本信息，如业务主管单位、法定代表人、社团章程等须向全社会公开。

2. 民主集中制

民主集中制是在民主基础上的集中同集中指导下的民主相结合的制度，是社科类社团最根本的组织原则，也是推动社团民主管理、科学决策、健康发展的重要保证。社科类社团的民主集中主要体现在各项工作采取会议形式商议，并经由集体决定。重大事项提交会员大会（会员代表大会）集体表决，日常工作则由理事会投票决定。

3. 财务公开制度

财务公开制度指将社科类社团资金运作、财务管理等情况向社团成员和社会公开的制度安排。它对于规范社团收支行为、加强社团成员对财务活动的监督、提高社团财务管理透明度、保障社团健康持续发展具有重要意义。

财务公开遵循真实、公正原则，认真核定社团政策性收入、社会捐助、预算外收支、各类日常工作费用和社团公共财产等，通过设立固定的公开栏、宣传栏，召开会员大会（会员代表大会）、向社会媒体发布信息等方式，接受会员和社会的广泛监督。

4. 年检制度

社科类社团每年都要进行年检。1996 年，民政部制定了《社会团体年度检查暂行办法》，要求核准登记的社会团体，必须接受登记管理机关的年度检查。可以说，年检已经成为对社科社团过程监管的最主要手段，并形成了一套相对稳定的操作程序。年检制度能有效约束社团行为，规范社团运作，对社科类社团的健康发展起着积极的推动作用。

根据调查数据显示：大部分的社团在重大事项民主决策、会员管理、信息公开、会费使用情况及活动举办等方面均制定了管理制度，以保证社团能够按章行事，有序开展活动。调查显示，98% 的社团均制订了本会章程，对社团的基本组织结构、职能权利、人员管理等方面作出规定。但在其他制度建设方面略有滞后，60% 的社团建立了会员管理制度，56% 建立了财务制度，而行政管理制度、人事制度覆盖率相对较低，仅 35% 和 31%。大部分社团内部制度建设仍不完善。

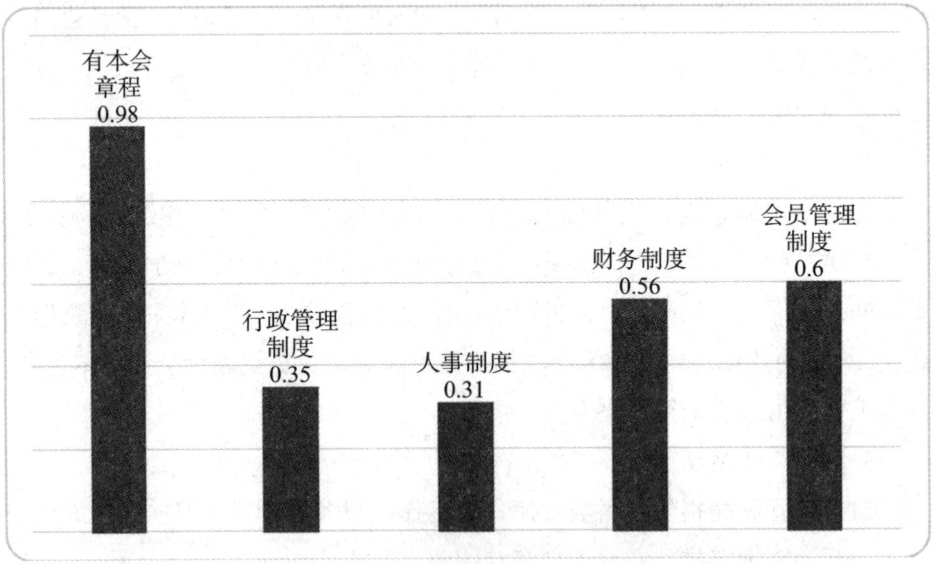

图 2　社科类社团制度建设

（二）组织结构

目前，我国的社科类社团的组织结构包括会员大会、理事会、秘书处、监事会等。健全完善的组织结构是一个社团可持续发展的基本保证。正如湖北省高等学校领导科学研究会在总结中指出：一个学会的发展，取决于会长单位、学会挂靠单位的支持；取决于各理事单位的支持；取决于正、副秘书长办事效率与活力；取决于进一步完善学会的规章制度建设；取决于富有活力的领导科学研究队伍。

1. 权力机构：会员大会

会员大会是社科类社团的议事机构和最高权力机构，由全体成员组成，是推动社团民主管理、发挥成员集体智慧的基础。会员大会依据章程，讨论决定社团重大事项。一般而言，须提交会员大会决策的事项包括：依据国家发展战略适时修订社团发展规划，制定和修改社团章程，选举和罢免理事、常务理事、监事，审议理事会、监事会工作报告，制定社团工作总体规划和年度财务报表，决定终止事宜等。由于某些社团规模较大，会员代表大会制度作为一种更加可行的制度安排为众多社团所接受，会员代表大会代行会员大会的部分职权，在一定意义上提高了社团整体的办事效率。

例如湖北美学学会：

访谈者：能请你简单地介绍一下你刚刚说的会员大会吗？

Z秘书长：会员大会每一年召开一次，全体会员参加，提交相关的论文，大家在一起聚会交流，研究生、社会上的相关人士也可以参加。我们每年合作单位和承办单位都不一样，我们的选题也很灵活，基本都有涵盖，比如说你研究中国美学、西方美学都是可以的。每一届大会我们都会规定一个主题，但不强制规定会员一定要围绕这个主题展开。虽然不强制规定主题，但从历年大会经验来看，大家基本都会围绕这个中心主题开展讨论。所以，相对来说，我们的大会主题是非常灵活的。大会主要的形式包括论文学习、研讨、聚会交流、主题讨论、书法交流、服装理论沟通等。

2. 决策机构：理事会

理事会是社科类社团的决策机构，也是会员大会（会员代表大会）的执行机构，领导社团日常工作，处于社团治理结构体系的中枢。在会员大会（或会员代表大会）闭会期间，理事会独立行使部分决策权，包括表彰和处分社团成员、审议会员资格、审议社团内部规章制度等。鉴于理事会在社团中的重要作用，理事会成员的组成更加严格、规范。首先，理事会成员组成多元，保证了社团中各个学科的利益群体在理事会中有自己的代表，推动理事会决策的公平、公正；其次，理事会成员构成均衡，不论是在学术水平、社会地位方面，还是在学历、年龄方面，都处于相对平衡的状态。例如，某些社科类社团明确规定，理事会由业务精英和老、中、青年学者按一定比例组成，其中具有高级专业技术职称的人数应达到 1/3。这就使得社科类社团的人才规模优势得以充分发挥，能不断培养出卓越的领导人物，为社团的持续发展提供了坚实后盾。

理事会设有理事长（会长）1 名，副理事长（副会长）若干名，秘书长 1 名，副秘书长若干名。一般由理事长担任社团法定代表人，特殊情况下也可由副理事长担任，但须经由业务主管部门审批并到民政部门办理相关手续方可。理事长由理事会选举产生，对理事会负责并汇报工作。理事长的主要职责有：主持理事会会议，领导理事会工作，组织实施理事会决议，检查会员大会（会员代表大会）、理事会、常务理事会决议落实情况，决定重要人员的聘用，负责财务管理等。从一定意义上来说，社会组织的旗帜就是会长。只有选好会长，将会长这个旗帜打起来，社会组织才有凝聚力，才能领导社会组织将工作搞好、搞活。因此，会长一定要选好。社会组织的会长不仅要德高望重，而且还要有一定的专业知识，要在专业领域内具有权威性和号召力、组织力，只有这样，才能担当社会组织的旗帜，也才有振臂一呼的号召力。

例如湖北省比较文学学会说到自己取得的成绩时，不忘学会的重要人物的作用：

在过去的一年中，我学会老中青三代学者继续战斗在比较文学教学和科研的前沿，刻苦攻关、求是创新，在各自的工作岗位上取得了众多瞩目的成绩。学会副会长华中师范大学文学院院长胡亚敏教授在中国校友会网公布的

《2011 中国杰出人文社会科学家研究报告》中入选第三届“中国杰出人文社会科学家”。学会秘书长、武汉大学比较文学教研室主任赵小琪教授在 2011 年 8 月上海召开的中国比较文学第三届年会上当选中国比较文学学会理事，并应邀赴广东、江苏、陕西等多地进行学术交流活动。本学会叶绪民、张思齐等教授的学术成果和学术思想在 2011 年度继续得到了国内、国际专家学者的认同和肯定，大大加强了我省比较文学学科研究在国内国际学术界的影响力。

再看访谈楚文化研究会：

访谈者：那像我们这个日常运作，理事会的成员大概有多少？

Z 秘书长：理事会大概有 50 个人左右，常务理事会 20 个人左右。我们这个协会比较小众，大家在工作上联系比较多，大家会因为一些议题聚在一起，比如说有开题啊，研讨会啊，没有说一定要定在哪个时间地点开个会。因为大家都是圈子里面的人，联系比较紧密。总的来说，学会这 30 多年坚持下来还是不容易，因为外界的支持较少。

访谈者：都是用自己的热情在做。

Z 秘书长：对对对，因为没有这个专职工作人员，没有固定的经费。

也就是说，很多社团能够坚持运作下来，一个合理搭配、愿意出力的理事会是不可或缺的。没有理事会的服务功能，社团就没有凝聚力，有了理事会就有了一个“圈子”，大家联系起来就比较紧密了。

3. 执行机构：秘书处

秘书处是社科类社团的执行机构。秘书长领导秘书处开展社团日常工作。秘书长由理事会选举产生，对理事会负责。理事会做出决策，理事长进行引导，秘书长则负责具体工作的开展，三者分工明确，各司其职。某种程度上，秘书长是社科类社团运作的桥梁、纽带。优秀的秘书长能够有力协调内部关系，破除外部障碍，提高工作效率，为社团发展营造良好的环境。因而，秘书长在社团中有着举足轻重的地位。他的主要职责有：主持秘书处开展日常工作、协调各分支机构、代表机构开展工作、为理事会拟定内部管理制度、报告工作情况等。对社科类社团来说，秘书长也很关键，因为社团的很多具体工作都需要秘书长来做，而社科类社团基本是民间组织，这类组织多数是社会人员自发组织起来的，基本上是无偿劳动，所以选出来的秘书长对工作要有热心、能负责任、任劳任怨、公而忘私。社科类社会组织的管理，关键是要抓好会长和秘书长这两个人。

4. 监督机构：监事会

监事会是社科类社团内部专门行使监督权力的常设机构，对会员大会（会员代表大会）负责。在法律意义上，监事会同理事会居于平等地位，是相互独立的行为主体，不具备从属关系。作为社团的权力监督机构，监事会对理事会的领导行为进行监督，并负责审核社团财务情况。其具体职责是：向会员大会（会员代表大会）报告工作、监督会员大会（会员代表大会）和理事会的选举、监督理事会和常务理事会执行会员大会（会员代表大会）的决议、向理事会提出质询和建议、对财务收支情况进行检查等。

表 9 显示了湖北省社科类社团组织结构情况。可以看出，湖北省社科类社团组织结构日趋严谨，机构设置逐步完善。从组织结构看，湖北省社科类社团一般都设立了会员代表大会、理事会等，一些理事人数较多的社团还设立了常务理事会（76.92%）。会员代表大会是社团最高权力机关，理事会是会员代表大会的执行机构，在会员代表大会闭会期间领导本社团开展日常工作，对会员代表大会负责。部分社团会每年召开会员代表大会（57.7%）。常务理事会由理事会选举产生，在理事会闭会期间行使相应职权，对理事会负责。由理事会选举产生理事长（会长）、副理事长（副会长）、秘书长，分别行使相应职权。社团设法定代表人，具有独立法人资格。一些大型社团还设立了分支机构（21.15%）、代表机构或实体机构，如秘书处、分会、专业委员会、工作委员会等，机构设置完整，职能分工明确。

表 9 湖北省社科类社团组织结构状况

	会长		秘书长		理事		常务理事		分支机构		每年召开会员（代表）大会	
	频率	百分比（%）	频率	百分比（%）	频率	百分比（%）	频率	百分比（%）	频率	百分比（%）	频率	百分比（%）
是	50	96.15	50	96.15	48	92.31	40	76.92	11	21.15	30	57.7
否	2	3.85	2	3.85	4	7.69	12	23.08	41	78.85	22	42.3
合计	52	100	52	100	52	100	52	100	52	100	52	100

（三）人力资源

社科类社团作为学术研究和交流沟通的平台，是联系不同社科领域专家学者的桥梁，能够吸引众多社会科学工作者加入到社会科学建设中来，起到凝聚社科人才的作用。例如，湖北省法学会便集中了湖北省政法系统和包括中南财经政法大学、华中科技大学、华中师范大学、湖北警官学院、武汉大学、湖北省委党校、华中农业大学、中南民族大学、武汉理工大学等在内的众多高校、科研机构法学领域的专家学者，使其能借助雄厚的人才资源推进湖北省法学研究的发展。这种凝聚功能的发挥主要有三种途径：首先，社科类社团为社科领域人士提供了一个相互学习、共同提高的场所。社会科学工作者基于自愿加入社团组织并参与各种学术活动，将各自的研究成果进行共享，在借鉴比较的过程中，激励社科人才的学术积极性和创新性，为社会科学知识增量的产生提供了物质条件。社会科学工作者展示研究成果的过程，也是推广其学术观点、体现社会价值观念的过程。通过开展多种形式的学术活动，可以将更多志同道合的研究者聚集起来，充实社科人才队伍。其次，社会科学工作者利用社科类社团平台进行学术研究，能够借助社团规模优势，有效整合学术资源，吸纳社科理论的精华，革新自身观点，推动社会科学理论向前发展；借助社科类社团展示学术成果，获得社会广泛认同，扩大研究者们的影响范围，从而加强社会科学工作者对社团的归属感；同时，以理论研究成果指导社会实践，主动参与到国家建设中来，不断生产精神产品，完善社会主义核心价值体系，引导社会经济科学健康发展。最后，社科类社团开展学术研讨、学术评优、政策咨询等活动，以进一步吸引社会科学工作者。通过学术研讨，可获取各种理论观点、交流思想体会、展示研究成果，增强自身学术能力。学术评优既是对社科工作者研究成果的肯定，又是对社科工作者自身的认同，评奖评优作为一种激励手段，可极大激发社团成员的工作积极性，在潜移默化中增加了他们对社团的认同感。政策咨询活动把社科研究成果社会化，将其直接运用到社会实践中，为社会经济发展提供额外动力，赋予社会科学研究人员较高社会地位，不断提升社科从业人员的成就感和获得感。

我们在走访社科类社团也可以发现一个共同的现象：空荡荡的办公室，看不到在社团办公的几个人。其实，社科类社团很多工作都是背后的会员以不定期参会、研讨与交流的方式来进行，因此在日常工作中，我们看不到社团繁忙而热闹的工作场景，但是作为组织者的骨干成员和会员是社团开展服务的重要人力资源。

访谈楚文化研究会：

访谈者：这个图书的编者都是研究会的成员吗？

W 副秘书长：都是研究会的成员，因为我们这个楚文化的圈子相对来说不大，我们的会员规模有 150 人左右。

访谈者：是个体会员还是团体会员？

W 副秘书长：全部都是个体会员，没有团体会员，都是这个圈子里面的人，所以来做这个研究的基本上都是我们学会的会员。

访谈者：还有这么多人做这个研究啊，那会员的来源主要是哪里呢，是学校还是机构？

W 副秘书长：会员来源大概有两个方向。一个是高校和研究所，包括了武汉大学、华中师范大学、湖北大学、湖北省社科院、长江大学，这是几个最主要的设有相关的研究机构。然后其他地方性的高校比如说地市级的高校也有，不过没那么集中。另一个方向是考古文博界，包括湖北省博物馆、湖北省考古所，然后还有地市各级的考古所和博物馆，因为他们自身业务的关系，他们的考古收藏和展览都是和楚文化相关的，所以我们在早期就很注意吸收考古文博界的会员。你看 1981 年成立的四省楚文会就是考古学界成立的，考古是一个很重要的依托，楚文化之所以受到这样的重视，很大程度上来自于考古的发现。

Z 秘书长：另外还有各地市的社科联，比如说襄阳社科联也有做文史研究的，还有就是社会上的一些爱好者。

在社团发展中，会员的作用不容小觑，有的时候某一个兼职会员就可以为社团的建设或活动带来便利的条件，促成社团在某一方面的活动能顺利进行。

楚文化研究会：

访谈者：那个刚刚说的参与磨山楚城规划设计是哪些部门找到你们的呢？

W副秘书长：那是我们的一个会员，他是武汉市发改委的。他当时主张进行武汉的城市规划，把武汉的建设搞起来，当时的主要推动机构就是武汉市发改委。所以就拉着我们学会的老先生一起参与规划设计。

访谈者：那也就是说会员的作用还是蛮大的？

W副秘书长：是的，会员本身都是比较有能力的，再加上学会本身也没有经费支持，所以相对来说以学会的方式来维持这些项目或者活动的话是比较困难的，所以以学会的身份开展这些项目相对少一点，但是会员本身有一些资源，然后再来找其他的会员进行合作是有的。

还有的组织在开展工作中，其自身的工作人员本身就是一个“能量汇聚场”，很多活动和资源都依靠组织内部的“强关系”或者“弱关系”来获得，促进组织各个方面目标的实现，例如新民教育研究院。

研究所的人情关系是很明显的，单从研究所内部成员的来源就可以体现出来：董事长、所长、副所长及一些其他成员都是来自湖北荆州的，所以彼此之间都非常的熟悉和亲切，而我们又在社会当中担任不同的角色，每个人都有每个人的交际圈与关系网，所以，都能为组织带来一些异质资源。我们经常以个人关系代表研究所去拜访北京天则经济研究所的茅于轼先生，他对我们研究所的工作非常支持，给我们题词：教育是人类认知开拓新领域的先行者。另外，像易爱婚恋学院、武汉红都文化礼品有限公司、《中国教育报》湖北记者站、湖北省教育科学研究所等都是由我们研究所成员的个人关系所带来的组织资源，在我们举办会议活动的时候，易爱婚恋学院为我们免费提供会务组办公场所，武汉红都文化礼品有限公司为我们设计了会标、宣传板等，《中国教育报》湖北记者站站长还担任我们会议的主持，湖北省教育科学研究所也为我们《学校文化》杂志的编辑工作给出了重要指导与建议。这些资源都是我们研究所成员通过个人关系获得的，对于组织的发展可谓是非常关键的。

（四）日常事务运作方式

大部分社团在日常事务中主要围绕湖北省社科联提出的“五个一工程”开展工作，即在一个年度内，召开一次大型理论研讨会暨研究会年会；编辑出版一本理论研讨会论文集；组织一次专题调研活动；举行一次专家座谈会或人才培训；开展一次课题招标或科研评奖活动。调查显示，大部分的社科类社团的日常事务围绕在学会的学术会议组织、筹备（94%），总结报告年审等行政性事务（88%）上。另有部分社团还有相关出版物刊发、课题发布与组织工作。

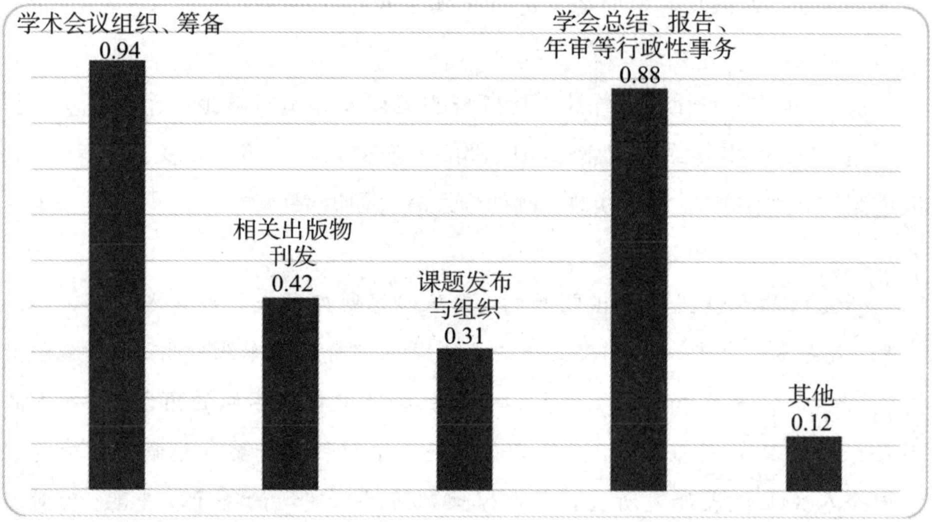

图 3　社团日常事务

在这些日常事务和活动的开展过程中，很多社团运用了很多社会资本，进行了资源的整合和链接，形成了联动的结果。如湖北省法学会就通过探索完善与省立法机关和法律实务部门的长效合作机制，尝试与省直有关部门联合开展个案调研、跟踪调研、抽样调研，共同举办论坛或召开研讨会以及成果评价推广等。科研工作坚持问题导向，重视应用对策研究，不求“全”而求“专”，不图“大”而谋“实”，不贪“多”而重“精”，注重研究实效，重视生产优秀成果。同时，该社团的智库建设也取得重大进展，决策咨询功能进一步加强。如该社团所属分支机构湖北法治发展战略研究院着眼于为省以上领导机关高端决策服务，先后完成由中组部、中宣部、国家社科基金办公室、最高人民检察院、中国法学会、法治湖北领导小组委托的“两权分离制度改革”“省以下人财物统一管理”“领导班子、领导干部法治建设绩效考评”“网络安全立法”等多个重大课题研究，其成果被中央、全国人大、国务院和省委省政府有关部门采纳推广。该研究院提出的关于审执分离体制改革的思考和建议作为全国政协议案提出，受到有关方面的重视。该社团分会刑法学研究会领衔研究的网络反恐立法被中央采纳。法理学研究会专家提出的关于在国际视野下全面推进依法治国的若干建议被中宣部、中联部、外交部采纳，关于法治人才建设的有关建议获中央领导批示。

再如湖北省教育学会，十分注重与兄弟教育学会的交流与沟通：

根据我会 2011 年工作要点“加强同兄弟省市学会的沟通与合作，组织学会工作者考察学习活动”的计划，我会于 2011 年 7 月下旬组织各地市教育学会秘书长和有关工作人员共 29 人赴黑龙江省，听取黑龙江教育学会工作经验介绍。参与相关的培训研讨与考察活动。

2011 年 10 月，我会在湖北武汉武昌招生大厦与山东省教育学会就学会组织工作、活动开展、会员管理等方面进行了交流座谈活动。黄元棋常务副会长介绍了我会的历史、人员、组织、结构、特点等，并就 2011 年我会的主要学术活动和要点突破做了情况介绍。山东省教育厅副巡视员杜希福及山东教科所所长、山东教育学会秘书长王如才介绍了他们自主创新进行课堂教学与评价的研究活动，并提出了加强省省学会联系与合作、成立七省学会协作体的设想，得到了我会的响应与支持。

相同领域不同地域的交流，无疑打开了相互学习和相互借鉴的窗口，使社团增加了对本领域问题与发展动向的了解，为提升研究能力、扩大研究影响力奠定了良好的基础。例如在三国文化研究会里，他们为了能吸引更多人关注本研究会，特别注重吸引一些经济领域的名人或成功人士以及当地政府的关注，为社团发展注入了实实在在的活力。

访谈者：企业家为什么加入进来，他们是喜欢还是有一些什么其他的想法，比如说商业目的之类的？

X博士：主要是喜欢，比如说新洲的一个企业家，因为他喜欢这个，他觉得赤壁之战发生在新洲，所以他就组织人来讨论，他提供经费，我们就通过我们的合作来讨论赤壁之战是否发生在新洲，每个人都可以讲自己的观点，而企业家就在经济上予以资助。

访谈者：所以他完全就是爱好这一块的？

X博士：对，再就是地方政府也组织，比如说鄂州马上要开一个学习讨论会，那都是通过打造本地三国文化品牌来开展这样的活动。

访谈者：您刚才说到湖北省现在有两三百处三国文化遗产和遗址，那作为地方也需要有这样一个平台来把他们的产品往外宣传。

X博士：是这样的，我们现在虽然遗迹多，但是真正利用的却不多，地方有财力才会关注这些。这是个无形资源，现在我们也正在做这方面的工作。比如说荆州，虽然关羽在那儿活动过，但后来就走了，没有留下什么东西，所以也挖掘不出来什么东西。但是鄂州的文物相对多一些，就可以挖掘。

省粮食学会则不同的是，在开展研究性合作中，通过各种比对寻找到了最满意的合作伙伴，形成了稳固而良好的互动。

访谈者：你们就三个人，怎么能够完成这个调研工作呢？

W秘书长：我们是这个样子的，调研主要由两个方面完成。一方面是对下，就是采取问卷式、调研式的方式进行；另一方面，我们借助武汉轻工大学的力量（轻工大学是我们的会员单位，轻工大学经济管理学院的院长也是我们的副会长），一起来做这样一个调研。

访谈者：轻工大学怎么会是你们的会员单位的？

W秘书长：轻工大学以前就是粮食部门的，所以他们对于粮食这一块是非常熟的，省粮食局有什么大的规划都会请他们参与，包括“十三五”规划，轻工大学都会参与。轻工大学为什么会跟我们合作调研呢？因为他属于高等院校，跟基层的粮食局还有企业联系得比较少，而我们跟基层粮食局和企业联系得比较密切，这样我们的关系和轻工大学的师资力量就可以结合起来。

访谈者：所以说轻工大学进行理论研究，你们就给他们提供研究所需的资源。

W秘书长：我们也会跟轻工大学一起去基层调研。我们把全省的统计数据资源收集起来，给轻工大学提供这些数据资源，然后由轻工大学的教授学者去组织研究，形成成果。但我们有时候也会就文章的某些方面斟酌一下，我们还是要掌握主导方向的。我们合作得还是很愉快的，成果也是共享的，是双赢的。而且，我们也配合国家粮食局做了一些课题。

访谈者：也就是说你们这个协会对外关系处理得还是比较好的，比如说你刚刚说到省粮食局、省社科联对你有很大的支持，还有这个中国粮食协会有一定的指导，再就是跟杂志社也有很好的关系，这对于一个协会来说应该是一个很好的环境。

W秘书长：你别说我们这个协会，就是单位跟单位之间也存在着这个交往的问题。你不跟别人交往，那就是一潭死水。你要互通情况，要让别人了解你，要别人的支持，也要得到别人的认可。再有，这个工作是平时积累起来的，不能等到你需要再去做，那是肯定不行的。

访谈者：我就感觉你们的工作思路还是很清晰的，而且也很主动。

W秘书长：我就感觉对一个社团组织而言，你不去找别人，别人也是不会主动找你的。我的体会就是，社团这个工作，你说他很重要呢，那也重要，你说不重要呢，也说得过去，就看你怎么做这个事情，认识这个事情。所以说有位才有为，有为才有位，这个东西都是相辅相成的。

可见，作为一个社团，要在市场竞争和社会进步中取得发展，自身的合作意识、协作能力、开拓能力以及资源链接的能力都是非常重要的。借力、借人、借智、借政策、借资源，形成多方合力，社团才能走得更远，走得更稳。

第四章　湖北省社科类社团的社会功能及影响因素分析

社科类社团的功能一般有推动学科建设、促进学术发展及为中央与地方的经济社会发展发挥专家库与智囊团的作用。总体来看，社科类社团在组织协调和引导广大会员繁荣发展哲学社会科学事业方面发挥了重要引领作用。湖北省社科类社团通过搭建理论研讨、学术交流、课题研究、咨询服务、成果评奖、人才评价等平台，鼓励学术争鸣和理论创新，积极交流科研成果；紧紧抓住社会科学发展重点，突出社科研究特色，进一步改进和完善学术研究与学术评价机制，促进哲学社会科学事业繁荣发展。同时，通过创办“荆楚讲坛”社科普及平台，深入基层、高校和军营，不定期地开展公益性的科普活动，为湖北省社科知识的普及与提高广大人民群众的科学素质做了大量工作，发挥了重要作用。

一、社科类社会组织的社会功能

本部分从学术理论研究、社会科学知识的普及、政策支持与智力咨询、凝聚人才与联动发展几个方面对湖北省社科类社团社会功能状况进行分析。

（一）学术理论研究

社科类社团作为人文科学研究的重要载体，在发挥人文社会科学的理论指向方面承载着重要的使命。人文社会科学是关于价值和意义的学问。价值是人们对于事物的有用性进行评价的规范系统，意义则是人们对价值规范及其指导下的日常生活实践所进行的总体反思，是对人之为人、人的目的、人的价值、人的道德、人的幸福等问题的寻根问底的考问。人文社会科学依靠理论的力量，以潜移默化的形式全方位地提高整个民族的思想道德素质，帮助人们是在社会化过程中树立正确的人生观和价值观。人文社会科学能够开阔人们的眼界，提高鉴别是非、善恶、美丑的能力，有助于激发人们追求高尚的道德情操和精神境界，规范人们的行为，形成良好的社会风尚。从另一方面看，人文社会科学是整个文化建设中的重要组成部分。一个民族人文社会科学素质的高低，在一定程度上折射着这个民族的精神风貌、文化水平、发展潜力。

党的十一届三中全会以来，我国人文社会科学取得了伟大的成就，发挥了重要作用，对社科类社团的发展也提出了新的命题和要求。目前，人文社会科学研究模式和方法出现了重大转变。如从封闭式研究开始向开放式研究转变，从单学科研究向多学科综合研究转变，从注重基础理论研究向注重基础理论与应用研究并重转变，从注重科研成果的学术价值向注重学术价值与社会价值并举转变，从单一的研究方法向多种方法综合运用转变，等等。在世界政治多极化、经济全球化的背景下，紧紧围绕当代中国社会发展中的现实问题，从多学科领域、多层面进行综合性研究，是这一时期我国社科类社团研究的显著特征。现代化建设实践中遇到的大量现实问题直接促进了经济学、管理学、法学、政治学、社会学、传播学等社会科学学科的快速发展及相关社团的理论研究。

因此，理论研究是社科类社团发展的生命线，是社团持续发展的重要推动力，良好的理论研究能力不但有助于社团进一步增强引领学术繁荣的能力，也有利于社团寻求更多的发展资源。一般来说，社科类社团是通过学术讨论、学术成果发表、课题研究等形式履行其学术功能。本课题组调查发现，绝大多数社科类社团会组织学术会议（96.2%），部分社团有本会刊物（40.4%）、专著（26.9%），向外发布课题和以学会名义承担课题分别占到30.8%和21.2%。

表 13 各类型学术活动状况

	组织学术会议		本会刊物		公开出版著作		发布研究课题		以学会名义承担的课题	
	频率	百分比（%）	频率	百分比（%）	频率	百分比（%）	频率	百分比（%）	频率	百分比（%）
是	50	96.2	21	40.4	14	26.9	16	30.8	11	21.2
否	2	3.8	31	59.6	38	73.1	36	69.2	41	78.8
合计	52	100	52	100	52	100	52	100	52	100

办刊是社科类社团开展学术交流的重要载体。据文献记载，我省大部分社科类社团在建立和发展中都创建了自己的刊物，通过专刊等形式记录和传播本领域的理论信息和有关知识。以 1978—2005 年为时间节点，我们在文献中得到的记载是：[1]

1978—1990 年，152 个全省性学术性社团共举办刊物 77 种，发行 310 期 1152 万册。制发简报 10 余期。省汽车工程学会 1984 年 1 月与湖北省汽车工业公司联合主办内部刊物《湖北汽车》。1988 年 3 月该刊重新登记，发行量为 3000 ～ 5000 册，季刊。1990 年 3 月该刊公开发行，每期发行量约 5000 册，季刊，共发行 70 期。1987 年 1 月，省交通会计学会创办《湖北交通财会》会刊，内部资料，季刊，每期发行 1760 册。省数学学会 1933 年 1 月创办《中等算学月刊》，1950 年 7 月 1 日该刊重刊定名为《武汉数学通讯》，1952 年改名《数学通讯》，至 1960 年 8 月共出版 112 期，发行 100 万册以上。1960 年因故停刊，1980 年复刊。1989 年底前向全国发行近 520 万册，共出版 120 期，刊登文章 2500 篇。1981 年 3 月 18 日创办《中学数学》，月刊。1983 年 9 月该刊开始分为高中版、初中版，每月各一期，1985 年 1 月又增加少年版，每月一期，向全国发行，月发行量 60 万册。1989 年底前向全国发行近 474 万册，刊登文章 2250 篇。1981 年 9 月创办《数学杂志》，季刊。1989 年底前向全国发行近 21.6 万册。1987 年 1 月省电力会计学会创办《鄂电财会》，内部刊物，不定期发行。1990 年更名为《鄂电会计通讯》。1980 年 3 月省会计学会创办《财会通讯》，同年经湖北省新闻出版局批准，在全国公开发行。1986 年省投资学会创办会刊《投资与建设》，全国公开发行，刊号为湖北省期刊登记证号第 227 号，

[1] 湖北省民政厅内部资料：《民间组织志》，第 68 页。

广告经营许可证鄂字第 2 号。1987 年 1 月由双月刊改为月刊，刊名由王任重题写，发行量由 7000 份增至 16000 份。1988 年，《投资与建设》由自办发行改为邮局国内外发行，发行量从 16000 份增至 32000 份。1990 年，《投资与建设》被中国人民大学复印资料编辑部评为全国经济类最有影响的核心期刊前 20 名，每年被人大复印资料转载文章 20 多篇。

1991—1995 年，188 个全省性学术性社团共举办刊物 101 种，发行期数 329 期，发行 51 万册。1991 年 9 月省旅游学会创办《旅游研究》，内部发行，不定期，共发行 6 期 1800 册，后停刊。1992 年省粮食经济学会主办《粮食经济交汇》，内部刊物，系双月刊，共出版 30 期，每期发行 1000 册，共发行 30000 册。1992 年 10 月省中央企业会计学会创办《中企财会》，内部刊物。1994 年 9 月省政协理论研究会创办《人民政协理论与实践》，内部资料，不定期刊，每期发行 300 册。1995 年省钱币学会创办《湖北钱币动态》，内部刊物，不定期出版专刊。1995 年 9 月 16 日省政策研究会编辑《政策研究信息》1 期，内部刊物，共印发 250 份。

1996—2000 年，207 个全省性学术性社团共举办刊物 112 种，发行期数 380 期，发行 1580 万册。1996 年 8 月，省投资学会举办的《投资与建设》停刊，总共出版 132 期。同时学会创办内刊《投资金融内参》。1993 年 1 月省编辑学会创办《出版科学》，经新闻出版总署批准，2000 年 3 月成为正式刊物，从该年第 3 期起面向全国公开发行。1998 年省审计学会创办内部刊物《湖北审计科研通讯》，不定期，每期发行 400 册，到 2005 年底共发行 10000 册。1996 年省金融会计学会创办《湖北金融会计通讯》，双月期刊，内部刊物，在湖北省金融系统、湖南省和江西省人民银行系统内发行。1998 年，因人民银行体制改革，该刊物被更名为《武汉金融会计通讯》。

2001—2005 年，226 个全省性学术性社团共举办刊物 124 种，发行期数 2.6 万期，发行 300 万册。举办网站 10 个，发布网页 10 个。2002 年省电力会计学会举办的《鄂电会计通讯》更名为《鄂电财会》，2003 年更名为《鄂电财会与审计》，每期发行 500 ～ 1500 册，到 2005 年底累计发行 37 期，共 43000 册。2002 年 3 月省编辑学会建立“出版科学”网站，并与“万方数据库—数字化期刊群”签订了入网协议。2003 年，其会刊加入“中国期刊网”。2004 年省城乡基层自治组织研究会建立“湖北省基层政权建设信息网”，加强了全省政权建设信息交流与宣传，推动了全省基层政权建设工作的开展。2005 年省会计学会编辑出版了《湖北会计从业资格考试辅导教材》一套三册。创办了“湖北会计学会网站”。2005 年 1 月省林业经济学会创办《湖北林业经济》，内部刊物，双月刊，到 2005 年底，共编辑出版 9 期（本刊 6 期、增刊《决策参考》3 期），开辟栏目 24 个，刊登各类文章 300 多篇。2005 年 11 月钱币学会建立“湖北钱币学会”网站。2005 年底，省交通会计学会举办的《湖北交通财会》累计发行 79 期，139040 册。总之，基本上有 80% 左右的社团都有了自己的杂志。

其次，学术会议是社科类社团最重要的学术活动。大部分社团（78.9%）每年能召开至少 1 次学术会议，但基本不会超过 2 次，仅 13.4% 的社团学术会议在每年 2 次以上，其中约 6% 的社科类社团能够保持每年 4 次学术会议的频率。社科类社团实现了内部的有效互动和交流。在研究范围上，紧跟社会经济发展形势，突出专业性、前沿性和科学性，并出版了诸多有影响力的著作、论文，如《“十二五”期间保险业服务湖北经济社会发展优秀论文集》《湖北省保险业发展报告》《长江中有城市群发展规划》《湖北省粮食经纪人队伍状况》《湖北省汉江生态经济带开放开发规划》等，立足湖北，对湖北省的经济、金融、保险等行业、领域发展做了深入研究，并提出政策建议；《楚学文库》《东汉史研究》《中华长江文华大系》《中华长江非物质文化遗产大系》《楚国八百年》等，对包括湖北范围内的荆楚文化进行深入研究，在弘扬和挖掘荆楚文化精髓、推进文化建设方面做出了突出贡献。

以湖北省党政机关哲学社会科学研究机构的成果为例来看，大部分的学术成果都是围绕当时本领域的重点问题、热点问题和难点问题在展开，对当时的政治发展、经济建设、文化建设以及教育改革等都提出了自己的思考与建议。

表 14　省党政机关哲学社会科学研究机构一览表

机构名称	成立时间	主管单位	研究方向	主要成果
中共湖北省委党史研究室	1981 年	中共湖北省委	中国共产党湖北历史	《中国共产党湖北历史》《中国共产党在湖北 80 年》《中国共产党湖北历史大事记》《中国共产党湖北省组织史资料》
湖北省政府法制研究中心	1996 年	湖北省人民政府	改革性、前瞻性、开拓性立法研究；政府法制理论研究；行政执法培训教材编撰	《湖北省行政机关归集和披露企业信用信息试行办法》（省政府第 280 号令）、《行政执法培训教程》《中华人民共和国行政许可法基本知识读本》
湖北省党建研究所	1995 年 9 月	湖北省委组织部	党建	《县市委执政能力建设研究》《社会主义市场经济与加强和改进党的建设》等
湖北省理论信息中心	—	湖北省委宣传部	研究理论动态、反映理论信息	《学习月刊》《信息与辅导》（内部资料）
武昌辛亥革命研究中心	1989 年	湖北省社会科学界联合会	研究中国近代史，深入开展对辛亥革命时期的政治、经济、文化、教育、外交诸方面的研究	《辛亥革命史丛刊》《辛亥革命研究动态》《新世纪的学术盛会》《辛亥革命研究简介》
湖北省教育科学研究所	1985 年 10 月	湖北省教育厅	基础教育研究、高等教育研究、德育研究、教育政策及教育经济	《湖北教育发展战略研究》《高校知识经济的教育创新》《WTO 与中国教育改革》
湖北省文物考古研究所	1989 年 3 月	湖北省文化厅	田野考古及考古学研究	《楚文化考古》《石器时代考古》
湖北省艺术研究所	1956 年 12 月	湖北省文化厅	地方戏曲史、艺术创作及创作理论研究、当代戏曲研究	《虎将军》《同船过渡》《曾候乙》《中国戏曲志（湖北卷）》《中国戏曲音乐集成（湖北卷）》《湖北省地方戏剧丛刊》《戏剧研究资料》
湖北省广播电视新闻研究所	1986 年	湖北省广电厅	广播电视新闻宣传、主持播音的管理、改革等	《声屏瞭望》

续表

机构名称	成立时间	主管单位	研究方向	主要成果
湖北省财政科学研究所	1987 年	湖北省财政厅	围绕全省财政改革和发展中的重大现实问题，研究如何深化财政管理制度改革	《湖北省农村税费改革实践与探索》《湖北省基础教育成本与经费保障研究》等
湖北省统计局统计科研所	1988 年 9 月	湖北省统计局	社会经济研究、统计研究	《创新发展与湖北经济结构调整研究》《季度宏观经济模型在省级经济预测与政策分析中的应用》《湖北省社会经济发展先行指标与景气指数研究》《经济增长与就业增长的协调性研究》
湖北省物价局物价研究所	1986 年	湖北省物价局	研究价格改革和价格管理中的重大理论问题和现实问题	《中国价格史》《湖北省水资源费标准研究》《我国棉花价格管理体制研究》
湖北省国税局税收科研所	2000 年	湖北省国税局	税收	《以城市为中心的税收管理》《湖北省税源分析与预测》

社科类社团的工作具有综合性、理论性、前瞻性、群众性等特点，主要是发挥咨询、参谋、服务的作用，展开一系列的理论研讨、学术交流活动。但是社科类社团与其他专业组织开展理论交流的明显区别是：社科类社团的理论研究、学术交流活动是群众性的，它明显有别于专业理论工作者的研究方式，成果转化形式以一般研究报告为主。

例如工商行政管理学会的访谈：

秘书长：我们第一块，就是理论宣传；第二大块就是搞理论交流，理论交流就是组织大家开个理论研讨会，组织大家考察一下，然后就是每一年或者两年编一本优秀论文集，进行优秀论文评选。

访谈者：这个是以学术交流为宗旨对吧？

秘书长：对，它没有严格要求，我们大学老师做论文的话有非常严格的引文规范，哪些是别人的，哪些是你的，是别人的就必须要加注释，但是我们实践部门写文章不讲这个，它主要是探讨，主要提出对策建议，如完善立法、提高工作效率、提高行政管理效率等，这类文章要是按照严格的学术论文要求来说是不合格的。第三块就是理论研究，我为什么把理论研究放最后呢，是因为我们学会的人，除了我们省工商局、工商行政管理学会，还有地市州县一级的团体会员，理论方面的素养还有所欠缺。

一般来说，理论研究的成果大致分为学术研究成果和应用研究成果。湖北省工商行政管理学会的理论研究，其成果属于应用研究成果的范畴。正是基于这种实事求是的思考，在各种学术交流和理论研讨活动中，该学会始终坚持广泛性、群众性的研究方向，坚持理论与实际相结合的方针，重在指导工作实践；始终坚持在普及理论研究的活动中逐步提高人员的理论研究水平，在提高理论研究水平的基础上进一步普及理论研究工作，如此反复循环，推动了全省系统工商行政管理理论研讨和学术交流水平的逐步提高。

还有的学会或研究会，每年都会以“课题发布”“课题研究”“调研报告”等形式开展本领域本行业的研究，或者带动本行业的工作者共同关注研究主题，形成对本领域本行业发展有利的研究成果。

例如，湖北省城市金融学会在2011年的工作总结报告中提出，该学会的一项重要工作就是制定2011年课题研究指南，落实总行和本行领导布置的重点研究课题。

一是根据今年宏观经济金融形势，结合全行打造工商银行第二盈利梯队分行目标、新三年发展规划和四大发展愿景，围绕“跨越发展、结构优化、改革创新、优质服务、严控风险”五条主线以及促进经营转型主题，制定2011年课题研究指南，选定36个与经营管理密切相关的调研分析课题印发各行，组织开展群众性调研分析活动，共形成调研分析材料100余篇。二是根据总行安排和省分行领导指示，落实课题责任部门，每位行领导挂帅组成课题组，重点研究“十二五”时期工行湖北分行发展战略、工商银行MOVA系统建设在分支行经营管理中的应用、新农村建设中的新农民工客户群体金融服务、客户结构调整、投资银行与商业银行业务互动发展、创新商贸区、物流区金融服务对策、电子商务市场进入战略与策略、产品效能提升与产品管理体系建设、人民币跨境业务发展10个重点课题，进一步提高了重点课题的研究能力和课题质量。三是根据行领导要求，组织开展对各级政府“十二五”发展规划带给我行发展机遇的调研分析，并完成《“十二五”时期湖北经济社会发展对商业银行业务经营的影响及其应对策略》；收集整理各部室及襄阳、三峡分行意见，牵头制定《关于落实省委、省政府“一主两副”重大战略决策，服务和支持襄阳市、宜昌市跨越发展的工作意见》，充分体现了大行的社会责任和支持、服务地方经济发展的能力。四是完成湖北省金融学会布置的以“金融推动经济结构调整”为主题的研究课题，协助行领导完成以“金融支持湖北省经济跨越发展”为主题的论坛演讲稿。五是根据全行区域发展战略和工作重点，完成“加快推进县域支行业务发展”“加快推进重点城市分行跨越发展”这两个调研的调研报告，为重点县支行和重点城市行的跨越发展提供了新的思路。六是完成“在区域经济发展背景下挖掘分支行增长潜力研究”课题，以武汉城市圈所在行为样本，就如何在耦合、协同促进区域经济、金融业发展的过程中，实现我行圈内资源共享、圈内金融业大联动大协作，并提出了相应的对策。

这是很多湖北省社科类社团工作中的共同做法和普遍行为，通过课题式的交流与研讨，能较好地聚焦于本行业本领域的重点问题和亟须解决的难点问题，针对每年度出现的新情况、新问题及时进行更新和调整，通过组织群众性调研活动，贴近经营管理提高重点课题研究能力，充分发挥了学会（研究会等）工作在全行改革创新和业务发展中的促进作用。

（二）社会科学知识的普及

社科类社团所承载的认识世界、传承文明、创新理论、咨政育人、服务社会的使命，要求社科类社团除了做专题的理论研究之外，还需要特别重视社会思想、文化方面的宣传普及。当今时代是一个概念越来越混乱和模糊的时代，也是一个问题越来越强烈和清晰的时代，旧的概念、逻辑、理论和框架已越来越难以解释新的社会现象，旧的理念、思想、做法和策略越来越难以解决新的社会问题。没有思想的引领和文化的创新，前行中的人难以迈开新的步伐，对新的社会现象也难以理解和接受。社科类社团在开服社会科学知识普及方面虽然不如自然科学类社团，但是它同样可以提升社会大众人文知识与思想素养的提升，可以使人精神充实、心灵净化、视野开阔，提高解决人生问题、社会问题的能力。目前我国的社科类社团在围绕中国特色社会主义理论体系宣传普及、社会主义核心价值体系的宣传普及、社会科学知识的宣传普及、政策法规的宣传普及等方面，逐步形成了一些好经验、好做法。例如自2004年以来，湖北省社科联就创办了“社科普及宣传周”作为服务湖北经济社会发展的社科普及平台，以宣传贯彻党的创新理论、弘扬传承优秀传统文化、传播普及人文社科知识、提升公众社科素养为主要内容，每两年举办一次。在社科普及周活动期间，全省各市州社科联、部分省级社会科学学术团体、民办社科研究机构、省级社科普及教育基地都会同步举办专题讲座、现场咨询、展览展播、知识竞赛、文艺活动、专家访谈等宣传活动，每次不少于100余场，形成了“社会科学进基层（进社区、进企业、进农村、进校园、进军营、进机关）”“荆楚讲坛”等活动品牌。这些活动直接影响着人们的思想和行为，促使人们正确处理和驾驭同外部世界的关系，有效地适应时代和社会发展，完成人的社会化过程。

对全省社科类社团的抽样调查结果显示，有超七成的社科类社团每年都会开展各种形式的讲座，超六成开展过培训活动，还有超半数开展过社会宣传活动。可以看出，湖北省社科类社团承担的社会服务职能活动形式多样，卓有成效。以湖北省博物馆学会为例，该学会自2001年以来，每年“5·18国际博物馆日”前后均组织全省各级各类博物馆、纪念馆开展不同规模的宣传活动。如2001年5月17日，省博物馆和武汉电视台联合举办“百姓舞台——‘5·18国际博物馆日’”专场晚会。5月18日，各文博单位工作人员走上武汉三镇的街头、社区，共设立宣传点8处，散发近万份《文博事业宣传图册》等宣传资料。另外，还组织文博专家为群众免费提供文物咨询、鉴定服务。之后每年，围绕“国际博物馆日”主题，省博物馆学会均会开展丰富多彩的活动，如制作宣传画、媒体报道、设立免费开放日、组织专家讲解文物知识和相关法规等。通过这些形式，将文物鉴定、保护相关知识向公众进行普及，极大丰富了民众的文化生活，促进了精神文明建设。同时，学会还面向专业人士开展业务培训，如2005年8月上旬，与武汉市文物博物馆学会联合举办湖北省暨武汉市博物馆讲解员培训班，对来自全省各地80余名博物馆讲解员进行业务培训。

再如湖北省中共党史任务研究会在抗战胜利70周年之际举办了纪念中国人民抗日战争暨世界反法西斯战争胜利70周年座谈会，受到《湖北日报》报道；举办全省党史系统干部培训班，对来自全省各市、州、直管市、神农架林区及各县（市、区）党史部门主要负责人进行培训。湖北省家庭教育研究会举办的湖北省家庭教育楚天行活动，全省上下联动，群众参与较广，同时利用流动家长学校快车加强宣传，省受益人数达10万人，社会影响巨大。另外，"供给侧结构性改革"高级培训、"两学一做"培训、互联网金融培训、"绿色金融"培训等，针对近年国家社会重大变革对社会进行培训和普及；"湖北省首届社会工作实务案例大奖赛""湖北省首届MSW实务与技能大赛"等在社会治理新形势下，挖掘社会工作发展潜力。2011年9月在北京召开的全国第十三次社会科学普及理论研讨与经验交流会上表彰了全国百部优秀社科普及读物，湖北省有《画说创新——全民创新读本》《中国文化启示录》《新农村教育系列丛书》《币海漫游——中国历代钱币知识博览》和《荆楚国家级非物质文化遗产（音像）》五部作品入选。

表15　湖北省社科类社团一年内开展讲座次数

	开展讲座次数		开展培训次数		开展社会宣传活动次数	
	频率	百分比（%）	频率	百分比（%）	频率	百分比（%）
0	8	24.2	12	38.7	14	46.7
1～5次	23	69.7	18	58.1	10	33.3
5次以上	1	6.0	1	3.2	6	20.0
合计	33	100.0	31	100.0	30	100.0

下面以楚文化研究会为例：

访谈者：说说你们的重要工作。

W副秘书长：我们学会的主要工作一个是楚文化的基础研究，一个是楚文化宣传普及，还有一个是学术交流。在楚文化宣传普及方面，我们举办了不少活动，产生了不少作品，如央视大型纪录片《楚国八百年》，是由我们的刘玉堂会长担任总顾问，由湖北省电视台和中央电视台合拍的。当时播出以后反响比较大，拿到了第13届精神文明建设“五个一工程”奖和第27届中国电视金鹰奖优秀电视纪录片奖。奖项这个东西当然很重要，但是在民众当中也有不错的口碑，播放量非常高，因为这个片子讲的就是楚国的发展历史，刚好契合了“大国崛起”的这样一个主题。

访谈者：这个是在央视哪个频道播出的？

W副秘书长：央视综合频道。

访谈者：这是什么时候做的？

W副秘书长：好像就是2014年吧，这个在楚文化的历史普及方面有很大的意义。

访谈者：那有没有日常的一些历史文化普及活动呢？

W副秘书长：主要就有会长、副会长还有秘书长他们所做的讲座或者讲坛。

张硕秘书长：宣讲是一个品牌，我们的刘会长在省内省外讲了一些，比如说有一个题目叫《楚文化的正能力》，省委宣传部计划出版。“会长宣讲”已经成了一个品牌，近五年累计场次在100场以上。我们还在《湖北日报》开了两个专栏。

访谈者：在《湖北日报》开了什么专栏呢？

Z秘书长：一个叫“精神家园”，一个叫“荆楚成语智慧”。还有就是我们的学术成果《世纪楚学》获得了湖北社会科学一等奖，同时也获得了国家出版基金资助。《楚学文库》获得了第十届中国图书奖、第三届国家图书奖。

再看三国文化研究会的文化普及服务工作：

访谈者：你们这个研究会还是很有特点的，针对三国文化进行研究，的确不是很多，作为社科类社团，你觉得就这几年的工作来看，哪个方面的功能最显著呢？

H老师：我觉得从这几年的工作来看，一个就是学术研究，我们的成员有大批的论文在各个杂志上发表；再有一方面就是文化普及。因为说实话，湖北有名的文化就有楚文化和三国文化，您是荆州人，但真正让您说荆州有哪些三国文化资源，可能您也说不全，我们所做的就是文化普及，包括出了一系列的书，在《湖北日报》上有专栏，宣传三国文化和我们湖北地域有关的小故事，目的是为了把这个知识通俗化。

访谈者：这个是一直在做吗？

H老师：已经连续做了三年。我们还通过《楚天主人》杂志连续登载三国文化。同时近期我们还有社科进基层活动，我们进社区讲三国文化。

在进行文化普及的过程中，社科类社团还承担着文化保护与历史传承的重要角色。中国文化源远流长，博大精深，是先人们对传统观念、风俗习惯、思想精神辩证扬弃之后的深刻总结。文化传承必须依赖于载体，社科类社团已经成为现代社会文化传承载体的重要组成，是倡导社会主流文化、弘扬民族精神、传递正能量的重要力量。如前所述，社会科学主要是帮助人们解决世界观、人生观、价值观的问题，解决理论认识和科学思维的问题，解决对社会发展、社会管理规律的认识和发展问题。继承优秀传统文化，传播先进社会思想，对于实现国家富强、民族振兴、人民幸福的中华民族伟大复兴中国梦具有巨大的推动作用。一方面，社会科学是人类发展过程中的智慧结晶，是在长期的社会实践中获得、积累和发展的文明成果。社会科学发展的过程也是文明传播的过程。社科类社团是人文科学研究的主体，通过学术研究深入挖掘、阐释、创新社会科学理论，为传承社会文化发挥积极作用。另一方面，社科类社团通过开展社会科学学术活动，普及社科基础教育，宣传社科重大理念，提升人民社会科学基本素养，增强对社会科学知识的了解和认同，从而推动中国历史文化的传承和发展。

例如楚文化研究会的文化挖掘工作就很有针对性，对推进地方的保护性规划也很有现实意义。

访谈者：那怎么来做到这个保护呢？

L副秘书长：主要是根据国家文物局的保护规划来进行。

访谈者：那你们在这个中间协助做什么工作呢？

Z秘书长：我们主要参与规划的编制工作。我们现在在试图还原楚王宫的建筑原型，当时距今有两千多年了，当时的建筑是什么样的色彩，是什么样的风格，我们要通过文献，通过考古文物和现代技术手段把它还原出来。我们通过文献的勾陈、考古资料、文献的调查，和住建厅联合，跟武汉大学、华中科技大学的建筑学院一起做相关的研究，并规划在湖北以后的城市建设和乡镇建设中怎样把楚文化融入进去，这个项目得到了一定的经费支持。

访谈者：这是住建厅牵头开展的什么项目？

Z秘书长：荆楚派建筑风格研究。

还有的学会围绕社会进步、教育发展、文化创新等做出了自己的坚持和探索。湖北省教育学会为推进素质教育的开展，长期坚持了一个颇有特色的"设计"活动。

为了推进素质教育，配合我省新课程改革实施，增强课堂活动的实效，根据2011年学会工作要点，湖北省教育学会继续举办"课堂教学特色案例（教学设计）"征集活动。本年度活动要求充分体现学科的特点，充分体现新课程的理念，充分体现教师主导与学生主体的有效结合，具有可操作性和说服力。在设计中要求做到学科课程标准、课程教学内容的有机整合，切合学生、学科教学实际，并经过教学实践的验证，符合新课程改革精神，突出提升学生综合素质特色。应以课堂活动事实为基础，贴近学生，应对课堂活动作具体叙述，能够体现出教学思想、教学观点、教学原则和有特色的教育技能，具有可行性。"课堂教学特色案例（教学设计）"征集活动通知发出后，得到了各专业委员会、各市州县教育学会的积极响应，累计征集课堂教学特色案例（教学设计）2352篇。经专业委员会和市级教育学会初评筛选后送湖北省教育学会学术委员会终评。共评出一等奖273篇，二等奖567篇，三等奖925篇。为鼓励专业委员会、市州县教育学会、教研部门和学校积极组织开展群众性科研活动，根据选送文章的数量和质量，特评出科研组织奖特别奖3个、"课堂教学特色案例（教学设计）"科研组织奖42个。小学数学专业委员会、教师教育专业委员会、十堰市教育学会、黄冈市教育学会等专业委员会和单位会员获奖。

新民教育研究院对素质教育的普及更是不遗余力，有效弥补了体制内教育的不足，其负责人这样说：

现在在一些权威及阅读面很广的报刊媒体上所传递的一些教育理念往往

直接反映了官方的教育方针，我们不否认这些教育理念的正确性与引导性，但是千篇一律的格调根本无法实现我们教育领域百花齐放、百家争鸣，也不利于教育的创新。我们研究所就为关心教育的民众提供了一个可以自由交流思想的平台，在政府进行教育改革的时候，这些民众的意见直接决定了教育改革对当下教育的适应性，所以，我们可以成为政府与民众之间对话的桥梁。

（三）政策支持与智力咨询

随着工业文明的兴起，社会化的大生产使社会关系日趋复杂，社会发展速度加快，生活的不确定性增加，从而使协调社会各方利益、确保社会平稳发展的社会政策的制定以及影响国计民生的重大决策越来越困难。社会处于迅速的变化之中，社会科学对某一种形势还来不及做出分析，该形势就已经转变为另一种新的不同的形势了。在现代社会中，单凭领导人个人智慧和实践经验已难以及时掌握错综复杂、千变万化的社会形势，也难以制定出考虑周全、科学严密、推进有序的社会政策与决策。事实上，社会政策的制定与重大决策是一项涉及面宽、影响因素众多、相互关系复杂的系统工程，需要借助人文社会科学的理论和方法，进行周密调研，科学论证，先期试点，反复修改。因此，人文社会科学在社会政策制定、决策、咨询等方面发挥着重要作用。

人文社会科学对社会政策制定与决策过程的作用是通过两条途径实现的：一是通过政策制定者和决策人，把所掌握的人文社会科学知识运用于社会政策制定决策过程之中；二是委托掌握人文社会科学理论与方法的“智囊团”“政策研究室”或咨询机构，通过各学科专家的协同努力，完成社会政策制定与决策过程。随着社会政策制定与决策的频繁化、快速化、专业化发展，从政府部门、人文社会科学研究机构中逐步分化出了专门从事社会问题研究、提供政策制定与决策咨询的服务部门。在党的十八届三中全会提出“加强中国特色新型智库建设，建立健全决策咨询制度”之后，我国的智库建设得到了新的发展。社科类社团就属于智库的组成之一，为机关企事业单位决策者提供咨询服务是其应有之义。

社科类社团服务的重点要服务于党中央的大局，服务于地方经济社会科学发展大局，要为经济社会又好又快发展献计献策。具体地说，就是要围绕党委政府的中心工作，了解上情，了解领导在想什么，党委和政府在想什么，他们想要做什么。同时还要深入基层多搞调查研究，了解下情，了解在实际工作中有哪些热点难点问题需要我们去研究去探讨。要联系实际提出可操作性的对策建议，多为领导决策提供智力服务，为经济社会科学发展提供理论支持。例如湖北省社科联在 2004 年创办了《领导参阅》作为送达省级领导的内参件。该刊物坚持“三个为主”（以湖北省社科专家学者有创见的文论为主，以研究湖北改革、发展、稳定的重大问题为主，以提供解决重大实际问题的对策和建议为主的）的办刊方针，编发了大量有参考价值的咨询建议，得到了省级领导的高度重视，平均批转率达 50% 以上，经过数年发展，已成为广大专家学者为湖北科学发展建言献策的重要渠道。而这一切政策建议，大部分都是来自于组织的社会调查和实践探索。例如 2015 年，为了积极配合省委省政府关于新一轮扶贫攻坚的战略部署，全力推进精准扶贫精准脱贫工作，湖北省社科联于 8 月下旬至 9 月上旬专门组织了“2015 湖北社科专家市县行——扶贫调研活动”。4 个调研组成员由社科界长期研究“三农”问题和扶贫方面的 11 名专家学者组成，省社科联学会部、各相关市州县社科联、扶贫部门负责人参与调研此次调研活动，他们深入到秦巴山片区的十堰市、房县、襄阳市、保康县，武陵山片区的宜昌市、秭归县、恩施州、来凤县，大别山片区的黄冈市、罗田县，幕阜山片区的咸宁市、通山县，以及有关乡镇、村组，通过座谈访谈、走村入户，认真调查研究，了解相关情况，听取意见建议。省社科联根据调研了解到的实际情况，结合各组专家学者撰写的调研报告，从中整理了具有针对性、务实性、可操作性的十点建议，形成了省委省政府和有关省领导的决策参考，为完成省委省政府实施片区扶贫攻坚战略、实现“精准扶贫、不落一人”目标提供了重要的参考借鉴作用。

现在，越来越多的社会团体把为企业、政府提供咨询服务作为主要任务，充当沟通社会公民和政府组织的桥梁，不断拓展社团发展空间。日益细化的社会公共生活使得社科类社团成为社会发展不可或缺的智慧推动力，成为深受党和政府信任、社会认可的思想库、智囊团。从一定意义上来说，社科类社团发展水平的高低体现了国家的综合国力。

以下是三国文化研究会的访谈。

X 博士：湖北的三国文化遗迹有几百处，但有的地方不重视，比如说鄂州城，它是以前的武昌城，是个遗迹，但是他们可能不重视就破坏了，连文化局的房子都修在上面；还比如说襄阳城、荆州城都是古城，但是当地不重视，所以我们一个是要保护三国文化遗迹，在这方面我们写了一些调研报告，得到了领导的批示。还有怎样去打造三国文化的品牌，这方面我们也做了大量的调研，一般我们报告呈上去之后，领导都很重视，省里领导都会做批示。

访谈者：也就是说政府对文化建设这一块儿还是很重视的？

X博士：对，我们的调研报告是直接可以送到省委省政府的，所以就很容易形成决策。省政协主席在赤壁把全省的各个地方的旅游局长聚集在一起开会，就是为了发展三国文化。因为省政协主席到日本、东南亚国家去访问，提到湖北很多人不知道，但提到荆州，很多人都知道荆州是湖北的，诸葛亮、关羽、刘备他们都知道，所以三国文化在华人地区和东亚、东南亚文化圈有很大的影响，三国文化相当于湖北的一个名片。然后我们也做了一些宣传工作，比如说我们在武汉图书馆开文化社会讲坛，讲三国文化与湖北；邮局发行关公邮票的时候，也请我们去讲关公文化与湖北的关系；《湖北日报》有一个专栏专门讲三国文化的，《社会科学报》上也有这样一个性质的专栏。现在省里面要是讲湖北文化资源，就一定要提到三国文化资源，它已经是湖北特色文化中一个很重要的标志了。在活动方面，我们通过跟地方政府合作和企业家合作，一起开展关公文化论坛等活动。

访谈者：那您觉得这几年三国文化研究会有没有那么几件非常有影响力的事情呢？

X博士：第一是关于三国文化旅游的系列报道。一方面包括我们自己写了调研报告，还有《湖北日报》记者跟我们一起出去调研后回来写的一系列关于三国文化的内参，也受到了省里的重视。比如秭归县县长专门带人到我们这里来了解他们当地的三国文化资源，因为这些调研报告出来后，领导看到了批示了，当地领导就会带人来了解，像秭归县原来只知道屈原，现在才发现三国文化也这么重要。

在看湖北省粮食经济学会的咨询服务工作。

访谈者：这些工作项目是你们主动去做还是按照省粮食局或者说国家粮

食局的一些要求去做的呢?

王秘书长：我们做的一些课题，包括“粮食经济人”“低收入人群”“粮食银行”还有“县域粮食经济”等基本上就是中国粮食经济协会在全国要做这样一个课题，我们就结合省里的状况进行调研。粮食银行是什么意思呢，就是说农民保管粮食的话没有很好的经验，有时候很多粮食浪费得很厉害，那么农民就可以把粮食交给我们的合作企业或者是加工厂、仓储器。农民把粮食交给我们，随时可以来拿，这样也不至于让粮食坏掉。在我这边保管的话，我们是有一套科学的保管办法的。交到加工厂的，他们很快就进行加工了，然后你来取自己保管的粮食的话，可以拿新的粮食回去，这是一套科学的方法。那么为什么我们要做县域粮食经济的课题呢，现在不是进行改革了嘛，如何更好地发展县域粮食经济，就必须多种经营，利用市场的杠杆作用。当前正在提供给侧结构改革，所以我们今年就要做这方面的课题。我们要根据当前大的气候和粮食部门本身的实际进行课题设计。

访谈者：一定是紧密结合这个粮食部门和粮食经济本身发展的趋势、要求、改革的走向去设计一些相关的课题，是吧?

王秘书长：对对对。我们每年的课题都是不一样的，像我们2012年就以“创新发展湖北”为主题，以省里的大政方针为指导开展课题研究;2013年则根据中央一号文件提出的新型城镇化建设来展开工作，比如耕地问题。2014年就搞了一个粮食加工和产能过剩的问题。每年必须要明确一个课题的重点，这样课题才能做得下去，不然的话课题研究就没有意义了。首先要根据当前的形势，然后根据这个大的政策，结合粮食部门的实际再来做，这样的课题研究才有生命力。但是我们也有一个主体，就是任何时候我们的研究都要围绕粮食安全这个核心问题进行。我们就是服务“三农”，紧跟形势，选好课题。同时，我们觉得领导重视也是很关键的，领导不重视这个事情是很难做好的。

访谈者：那你们做出来的理论成果有没有可能上报到有关的领导部门，形成一定的政策文件?

王秘书长：是这样的，我们的一些课题数据和理论成果他们有时候也会用，但是不一定会以我们的名义，一般都是用粮食局的名义。因为他们是在职的，我们只是一个社团组织，但是我们的理论成果还是有作用的。我们虽然做了一些事情，但还是感到有一定的难度，也不是说我们做的这些事情都很顺利。要研究一些潜在性的、有指导意义的大的东西，我们的力量还不是太够，所以我们下一步还是需要改革一下。

可见，党和政府在出台重大政策时更要特别重视社会科学工作者的意见，加强科学理论同社会实践的有机结合，以理论指导发展，以发展验证理论。社科类社团是政府决策的有力助手，在推进政府决策民主化、科学化进程中有着独特作用，因此，加强社科类社团政策咨询功能建设极为迫切。

（四）凝聚人才与联动发展

现代社会是一个高度组织化的社会，公民需要依托一定的组织形式才能发挥其自身的能动作用，社会科学类社会团体就是集聚社会科学工作者的主要组织形式。社会科学类社团首先因其特殊的价值观可以凝聚人才。现代社会的核心价值是自由、民主和平等，社会科学工作者以其思想的前沿性、社会地位的高端性成为现代社会价值的追求者、创造者和传播者，因此，社会科学工作者需要拥有自由活动的阵地、民主参与的平台、平等对话的路径，而社会科学类社团恰恰是以自愿参加组织和自愿参加活动为特点，其组织特性以学术民主吸引社会人才，激励研究工作者对各种前沿理论进行探讨，以参与平等吸引社会科学工作者不拘于传统思想的束缚，不断对社会科学理论进行思考探究，引领社会思想潮流，达到“百家争鸣，百花齐放”的学术研究境界。社会科学类社会团体以其承载的现代社会价值观成为团结社会科学工作者的重要组织形式。社会科学类社团还可以通过工作方式凝聚人才。社会科学工作者的工作性质和事业目标就是创新社会科学理论和应用社会科学理论，不断地将其研究成果通过社会化途径转变成生产力，扩大他们思想及理论的影响范围，延伸他们智慧用武的阵地，提升他们的社会贡献力。社会科学类社团还可以通过有特色的活动凝聚人才。社会科学类社会团体主要通过参谋咨询活动、课题研究活动、学术研讨活动和学术评奖活动吸引社会科学工作者。现代社会决策“谋”与“断”的分离,使“思想库”和“智囊团”的作用大增，为社会科学工作者发挥作用提供了更多的机会。在咨询需求之间需要一个中介，社会科学类社会团体就成为联结专家学者和社会咨询需求的纽带，一方面使专家们的智慧有了应用空间，另一方面也解决了社会对“智囊”的需求。

课题研究围绕社会发展高端问题，具有多领域、深层次、对策性强等特点，是社会科学类社会团体吸引专家的主要途径。课题研究一方面与专家作为单位人的绩效相联系，所以专家积性很高；另一方面课题也是专家取得研究经费，将其研究成果推向社会的一个重要途径，所以专家们都很重视。学术研讨活动是专家获取理论观点、交流研究体会、联系人际关系，组织研究团队的平台。学术评奖活动是对社会科学工作者研究价值和理论观点的肯定，作为一种学会的精神激励手段，由于其和组织成员社会荣誉、单位考核和个人心理感受相联系，因此，成为社会科学类社会团体联系其成员的重要依托。活动是社会科学类社会团体的生命力所在。凝聚社会科学人才是社会科学类社会团体的重要组织功能。社会科学类社会团体是一个会员灵活性各异、组织较为松散的学术性公民团体，"散"的特点决定了其联系面广的优势。所以，社会科学类社会团体可以利用这种组织形式协调各种学术资源，沟通会员与社会各界的交流，实现社会科学研究资源的优化组合，形成社会科学研究的整体优势，为社会提供哲学和社会科学知识的服务。

福建省社科类课题组2006年在调查中曾总结说：

学会是我省社会科学学科建设和学术交流的重要平台。"学而无友，则孤陋寡闻"。通过学术讨论会、会刊发表论文等形式交流学术思想，切磋碰撞，有力地促进了我省学科之间的交融，激发了理论创新的火花，催生了学术新的生长点。改革开放以来，我省社会科学在马克思主义哲学、科学社会主义、经济理论、历史科学、教育理论、文学评论等学科建设和理论创新方面，都取得了令人瞩目的成绩，这其中学会的作用功不可没。

我们在调查中也感受到，很多社科类社团对自己的组织都充满了感情，对组织的作用都非常的认可，对组织的发展都饱含着期待。湖北省婚姻家庭研究会的负责人这样说自己的感受。

我最大的感想是，我们的研究会是一个群众性社团组织，我们作为社会服务者迫切需要这个自己的家，这是及时了解新问题、走入千家万户的阵地，它为我们提供了交流的平台。通过研究会，我能认识很多学术界的朋友，提高学术水平。我最大的希望是尽量多开展学术交流活动。学会组织各种学术活动，在学术活动中能得到最新的知识，能广交不同类型的朋友。这种交流活动是我们最喜欢参加的。我们现在做婚姻、家庭的研讨、交流，多次请到了国内外有名的专家学者，让我们获得了更大的收获，没有研究会这个平台，我们个人是无法达到这个目标的。

湖北省行政管理学会的负责人说：

我在学会工作了十几年，有很多工作要做，也投入了很多的精力，但是我对学会还是非常的有感情。我现在虽然从行政岗位退下来了，但是我还是可以借助这个舞台继续为国家、为社会做出应有的贡献。我们学会一直办得很实，它的存在的确为很多知识分子和研究者提供了广阔的交流舞台，加强了这个学科领域相关专家的联系和交流，对提高大家的自身业务素养起到了促进作用。我会坚持把学会的年会、论文集这样的活动做下去，让大家受益于学会的成果。

再看湖北省内，有很多学会都为推进人才发展与建设做出了自己的努力。例如湖北省教育学会，为进一步调动广大会员参与教育科研的积极性和创造性，表彰群众性教育科研的先进人物，进一步提高教育科研的质量，于 2010 年 11 月 23 日下发“鄂教学会字〔2010〕020 号”文件，开展首届“湖北省教育学会基础教育科研之星”评选活动。通知发出后，得到了各专业委员会、各市州县教育学会的积极响应、慎重推荐，累计报送参评会员 359 人，参评资料 2426 份。2011 年 5 月 20 日，经湖北省教育学会学术委员会审核评议后，共有郭强、曾辉、尹么德、赵继凯等 317 位优秀科研工作者和在科研方面有突出贡献的个人被评选为“湖北省教育学会基础教育科研之星”。该活动的开展在基层教育工作者中间引起了强烈反响，活动号召广大会员发扬科研精神，积极开展科研活动，进一步促进了教师专业化发展，提高了教育教学质量。2011 年底，在湖北省教育学会第 24 次学术年会上，进行了首届“湖北省教育学会基础教育科研之星”颁奖活动。

二、影响社科类社团发挥社会功能的因素分析

通过理论研究繁荣学术，发展人文社会科学，弘扬人文精神；通过社会服务弘扬传统文化，激发社会活力，丰富社会生活；通过政策咨询提供智力支持，完善社会治理，提升决策水平，是作为一个社科类社团应该承担的基本社会功能。服务社会是社科类社团存在和发展的最终目的。但是从整体上来看，目前大部分的社科类社团，不管是在理论研究、社会服务还是政策支持方面，都做得远远满足不了社会的需求。那么，是什么制约了社科类社团社会功能的发挥呢？在社团内部存在哪些限制因素？什么是最大阻力？外部又存在哪些限制条件呢？下文我们通过变量设计，对影响社科类社团社会功能发挥的可能因素进一步分析。

（一）变量设置

根据社科类社团面向的对象的差异性，即面向社科工作者、面向社会大众、面向政府部门，本部分将从理论研究、社会服务、政策咨询三个维度分别考察社科类社团的社会功能及其制约因素。

1. 因变量设置

在本研究中，将理论研究操作化为社科类社团或其中的社科工作者以社团名义从事过相关的学术活动、理论研究工作，包括召开过学术会议、出版过刊物或著作或发布过课题。通过初步相关性分析，发现不同的社科类社团在三种学术活动之间各自有所侧重，三者之间相关性不显著。但前文研究发现几乎所有的社科类社团都会召开学术会议，而访谈中发现社团对学术会议和会员大会并无明显区分。考虑到以上因素，本研究认为除具有常规性的学术会议外，是否有其他理论方式应该是考察理论研究的一个重要方式。因此，本文将理论研究操作化为有出版刊物或著作、发布研究课题两个活动之一，“有”赋值为 1，“无”赋值为 0。

将社会服务操作化为面向社会大众，提供的各类普及社科知识，传播社会文化，提升人文精神的各类讲座、培训、社会宣传活动。通过初步相关性分析，发现三种社会服务之间具有强相关性（p=0.000，见表 16），表明部分社科

类社团注重多种形式的社会服务，而部分社科类社团可能忽视了面向大众提供的社会服务。本文将社会服务操作化为从事过三种社会服务之一，“有”赋值为 1，“无”赋值为 0。

表 16 社会服务各指标相关系数（Spearman）

		讲座	培训	社会宣传活动
讲座	相关系数	1.000	.602**	.589**
	Sig.（双侧）	.	.000	.000
培训	相关系数	.602**	1.000	.544**
	Sig.（双侧）	.000	.	.000
社会宣传活动	相关系数	.589**	.544**	1.000
	Sig.（双侧）	.000	.000	.

将政策咨询操作化为通过政府咨询报告等形式为相关政府部门提供政策咨询、智力支持。通过初步分析发现，以政府咨询报告形式提供政策支持的比例非常小（不足 7%）。调查中可能忽略了其他政策支持形式，因此，从问卷中选择问题“您觉得你会在政府政策咨询方面发挥的作用有多大”作为替代，该题目为五分，即“1，非常小;2，较小;3，一般;4，较大;5，非常大”。将变量操作化为“政策咨询效用”，作为二分类变量，“小”赋值为 0，“大”赋值为 1。考虑到在此类主观问题中应答者有“乐观倾向”，将“1，非常小;2，较小;3，一般”归为“小”，将“4，较大;5，非常大”归为“大”。

因变量设置及分布状况如下：

表 17 社会功能指标设置与分布

一级指标	二级指标	有（大）	无（小）	合计
社会功能	理论研究	36.54%（19）	63.46%（33）	100%（52）
	社会服务	42.31%（22）	57.69%（30）	100%（52）
	政策咨询效用	65.96%（31）	34.04%（16）	100%（52）

2. 自变量设置

在前文分析中，我们发现湖北省社科类社团在发展中存在诸多问题，包括寄生性发展、非均衡性、经费及人力的不足、组织结构的滞后性以及诸多社会功能的不健全。那么前面所陈述的问题是否限制了社科类社团社会功能的发挥呢？从前文的分析中，似乎存在这一可能，但对于他们之间的真实关系以及各因素的影响力的大小、在这些因素背后是否还有其他更深层次的动因，我们尚未理清。因此，我们试图进一步考察上述诸因素，归纳为发展模式、发展规模、人员保障、经费保障等对社科类社会功能发挥的影响。具体操作化为以下变量：

发展模式。考察社科类社团发展中是否具有官方主导性，根据业务主管单位性质判断。业务主管单位具有官方或半官方性质，则认为其具有官方主导性。对于部分以湖北省社会科学联合会为业务主管单位的社团，访谈发现其挂靠单位往往在实际业务指导、资源保障方面提供更多帮助，因此进一步根据挂靠单位性质进行判断，挂靠单位具有官方或半官方性质，则认为其具有官方主导性。操作化为二分虚拟变量，“是”赋值为 1，“否”赋值为 0。

发展规模。考察社科类社团会员规模，操作化为团体会员规模和个体会员规模，均为连续型变量。

人员保障。考察社科类社团在日常管理中的人员充足性，通过日常管理人员人数和是否有专职人员来考察。前者为连续型变量，后者为二分虚拟变量，“是”赋值为 1，“否”赋值为 0。

经费主要来源。考察社科类社团在日常管理和学术研究中的主要经费来源。将经费来源分为三类，即自收自支，包括自筹经费、会费；政府支持，包括政府直接拨款和政府以政府购买形式给予的经费；社会支持，包括其他各类主体的经费支持，主要为企业赞助和慈善赞助。操作化为三分类别变量，“自收自支”赋值为 1，“政府支持”赋值为 2，“社会支持”赋值为 3。通过初步分析，发现来源于社会支持的各类经费几乎没有。因此，在实际研究中将此两个变量均操作化为二分虚拟变量，“政府支持”赋值为 1，“非政府支持”赋值为 0。初步分析发现各类经费来源之间具有显著相关性（$p<=0.001$，在 0.001 水平上显著相关），因此在模型中纳入其中之一，避免自变量共线性，考察经费保障状况对社会功能的影响。

表 18　各类经费来源相关系数（person）

		课题费主要来源	会议费主要来源	管理经费主要来源
课题费主要来源	Pearson 相关性	1	.640***	.732***
	显著性（双侧）		.000	.000
会议费主要来源	Pearson 相关性	.640***	1	.445***
	显著性（双侧）	.000		.001

（二）研究假设

基于前述分析和相关研究，作者提出以下假设：

理论研究受到社科类社团的发展模式、发展规模、人员保障和经费主要来源的显著影响。政府主导型社团、团体会员多、个体会员多的社团，日常管理人员多、有专职人员、以政府支持经费为主的社团更可能开展理论研究。

社会服务受到社科类社团的发展模式、发展规模、人员保障和经费主要来源的显著影响。政府主导型社团、团体会员多、个体会员多的社团，日常管理人员多、有专职人员、以政府支持经费为主的社团更可能开展社会服务。

政策咨询受到社科类社团的发展模式、发展规模、人员保障和经费主要来源的显著影响。政府主导型社团、团体会员多、个体会员多的社团，日常管理人员多、有专职人员、以政府支持经费为主的社团更可能在政府咨询中发挥更大作用。

（三）研究结果

在对社科类社团社会功能状况与发展状况各变量进行操作化后，采用二元 LOGISTIC 回归分析，考察社团发展状况对其社会功能发挥的影响。在控制发展历史和区位因素后，考察发展模式、发展规模、人员保障和经费保障对社科类社团社会功能发挥的影响。受数据来源限制，在本部分主要考察对社科类社团是否履行相应社会功能的影响；而能够发挥多大功能、受到什么因素的影响，未能在本部分呈现。

表 19 呈现了诸因素对社科类社团理论研究功能的影响。从研究结果看，模型整体通过显著性检验（$p=0.008$，在 0.01 水平上显著）。但诸因素几乎对

于理论研究均无显著影响，仅团体会员数和日常管理人员数对理论研究有较为显著的影响（在 0.05 水平上具有显著性），团体会员数越多，日常管理人员人数越多，能够进行理论研究的可能性越大。相较于个体会员，团体会员往往更能反映一个学术共同体内的系统性合作，也意味着为社团发展提供一个更广阔的交流平台。而团体会员数越多，往往也表明该社团所处学科领域越有发展活力，在理论研究方面更为活跃。而日常管理人员是社团事务有序开展的重要保障，日常管理人员的多少往往与社团的事务多寡直接相关，反映了一个社团的活力，理论研究则是其中方面。研究结果部分验证了研究假设。

同时，研究结果表明社科类社团是否开展理论研究与其发展历史、社团性质、基本设施、经费来源无必然联系。政府主导型社团在理论研究方面并无必然优势，政府的经费支持也不是社团开展理论研究的必要条件。仅从发生比来看，政府主导、经费主要来源于政府反而一定程度上可能限制理论研究，这可能是行政性带来的弊端。

表 19　社科类社团理论研究功能的影响因素分析

	Exp（B）	Sig.	EXP（B）的 95%C.I.	
			下限	上限
成立时长	.997	.922	.945	1.052
位于省会	2.543	.547	.122	53.224
政府主导型	.493	.384	.100	2.426
团体会员数	2.072*	.034	1.058	4.060
个体会员数	.637	.074	.388	1.044
日常管理人员数	1.697*	.047	1.006	2.862
有专职人员	.913	.928	.128	6.534
自有办公场地	2.491	.350	.367	16.888
会议经费来自政府支持	.438	.312	.088	2.175
常量	.095	.363		

注：N=52；R^2=0.53。

表 20 反映了诸因素对社科类社团社会服务功能的影响。研究结果表明，模型整体对社会服务无显著影响（p=0.487，未通过显著性检验）。分析发现，政府主导和来自政府的经费支持能够增加社团开展社会服务的可能性。本研

究主要考察了讲座、培训、社会宣传集中主要的社会服务形式。从内容看，讲座、培训、社会宣传往往结合社会热点，对于党和国家的重要方针政策进行解读，对社会主流文化和价值观进行宣传。近年来湖北省社科类社团开展的部分社会服务，如纪念中国人民抗日战争暨世界反法西斯战争胜利70周年座谈会、“一带一路”建设与央企发展讲坛、“供给侧结构性改革”研修班、“两学一做”讲座、图书进校园活动、社区体育健身讲座、保险大讲堂、保险公众宣传日等，在内容上兼具政策导向性、基层导向性。此类活动往往与政府行政部门及其日常工作密切联系，也更容易得到经费支持。

同时，研究结果显示，社科类社团的发展规模、人员保障、基础设施对其社会服务功能的发挥无显著影响。社团会员多、有专职人员、有办公场所并未显著提升社科类社团参与社会服务的可能性。

表20 社科类社团社会服务功能的影响因素分析

	Exp（B）	Sig.	EXP（B）的95%C.I.	
			下限	上限
成立时间	1.012	.644	.962	1.065
位于省会	2.478	.560	.117	52.639
政府主导型	6.040*	.042	.853	42.760
团体会员数	.711	.211	.416	1.213
个体会员数	1.052	.813	.690	1.605
日常管理人员数	.967	.731	.799	1.171
有专职人员	1.366	.692	.293	6.375
自有办公场地	.120	.098	.010	1.480
管理经费来自政府支持	.057*	.034	.003	1.178
常量	26.728	.259		

注：N=52；R^2=0.228。

表21现实了诸因素对社科类社团政策咨询功能的影响。研究结果表明，模型整体对政策咨询无显著影响（p=0.283，未通过显著性检验）。诸因素对其政策咨询功能的发挥无显著影响。政府主导型社科类社团与其他社团在政策咨询作用上无显著区别，课题经费主要来自政府支持也未增加其提升政策咨询功能的可能性。而社团发展规模大小不会影响到其政策支持作用的大小，

尽管从发生比看，规模大的社团发挥更大政策咨询功能可能性略高（系数大于 1），但这种差异并不显著。而社团人力保障、硬件保障的好坏也未影响政策咨询功能的发挥。

表 21　社科类社团政策咨询功能的影响因素分析

	Exp（B）	Sig.	EXP（B）的 95%C.I.	
			下限	上限
成立时间	1.017	.575	.959	1.079
位于省会	.064	.227	.001	5.520
政府主导型	.722	.734	.110	4.723
团体会员数	1.203	.537	.669	2.165
个体会员数	1.062	.810	.652	1.730
日常管理人员数	.954	.663	.770	1.181
有专职人员	.289	.235	.037	2.248
自有办公场地	.083	.120	.010	.675
课题经费来自政府支持	1.361	.849	.057	32.536
常量	466.568	.048		

注：N=52；R^2=0.327。

（四）研究结论与讨论

上文我们对社团内部可能影响其社会功能发挥的诸因素一一考察，得出如下结论：

一是社团活力影响社科类社团的理论研究功能。相比松散的个人会员组织，团体会员单位间的良好协作才是社科类社团开展理论研究的重要保障。这也侧面反映了组织性在社科类社团发展中的重要性。而有人力保障，有日常管理人员也是组织性的重要体现。有的组织开展学术活动，出版必要的社团刊物，保障定期和一定量的理论研究活动，以此维持社团活力。而一定程度上，政府干预反而可能限制理论研究（尽管结果并不显著）。

二是政府支持推进社会服务功能。社科类社团不仅要进行理论研究，还应将理论研究以通俗易懂的形式向大众传播。面向基层、服务大众是政府行政部门的强项，因此，获得政府支持的社团也更容易在社会服务领域有所进展。政府职能转变为社科类社团的发展提供了更大的空间。在政府简政放权、下放职能的背景下，政府通过经费、政策倾斜等形式扶持部分社科类社团，把社会政策、主流价值观、社会文化传播给大众。部分社科类社团特别是具有政府主导性的社团社会服务的扩展正是在这样的背景下发展起来的。

三是社科类社团的政策咨询功能不受社团性质、社团规模的影响。能否提供有质量的智力支持，更深入地影响政府决策，需要的是社科类社团自身转变观念，放开思想，转变发展方式。服务型政府的提出对政府决策提出了更高要求。政府已经以开放的姿态面对众多智库，但从目前来看，社科类社团智库作用尚未凸显。即使与政府紧密合作的政府主导型社团也未能充分发挥其政策支持功能，政府的经费支持对于提升社团决策支持方面也并未表现出优势。在如此宽松有利的社会形势下，如何把握住机会、充分利用资源，是当前社科类社团需要思考的问题。

最后，需要指出的是，本研究对于社科类社团社会功能影响因素的分析尚较粗浅，很多深层次的因素尚未纳入其中。诸如对于从事理论研究、开展社会服务、提供政策咨询的社团，其程度如何、水平如何，不同发展程度、发展水平的社团受到了哪些因素的影响；除前文中分析的部分社团内部因素外，社会结构因素、外部环境因素对于社科类社团社会功能的发挥又有哪些影响；受条件限制，未纳入本阶段分析。在后文我们将通过访谈、文献的形式进行充分的补充和深入的讨论。

第五章　社科类社团与其他社会组织间关系透视

现代社会组织可分为三种类型：一是与政治领域相对应的政府组织；二是与经济领域相对应的营利组织；三是与社会领域相对应的非政府组织。在西方，这三个组织分别被称为第一部门、第二部门和第三部门。20世纪后期，全球掀起了“结社革命”[1]，有组织的志愿性活动在全球范围内广泛开展，非政府组织（Non-Government Organizations，简称NGO）以自己独有的使命感和实践成果填补了既有的社会组织的不足。在我国，非政府组织也被称为“非营利组织”“民间组织”“社会组织”等，它们从总体性社会的桎梏下剥离开来，伴随着国家与社会关系的相对分离，伴随着我国公民社会的初步萌发与发展，逐步拥有独立的声音和活动空间，其中的社团组织也应运而生。

根据组织学中的“资源依赖”理论，获得必要的资源和空间是任何组织生存和发展必备的条件。中国社科类社团的产生与兴起，是宏观环境的演进和自身发展的需求合力作用的结果。而且从现实国情来看，我国社科类社团作为非营利组织中的一个组成部分，其发展的程度及趋向与其他社会组织间的关系也十分密切。

在我国，社科类社团主要与政党、政府、企业、事业单位和其他社会组织等有互动的关系。从不同的角度来看，社科类社团与其他社会组织关系的内涵非常丰富。从制度角度看，社科类社团与其他社会组织都是社会管理的有机组成部分，在不同的制度安排下，它们作为不同的政治组织、经济组织、文

[1]　Lester Salamon & Helmut Anheier，The Emerging Nonprofit Sector，Manchester University Press，1996，P2.

化组织、非营利组织等都承担着不同的社会功能，在不同的领域开展不同的社会服务；从法律角度看，社科类社团与其他社会组织都是法人，它们都必须在法律规范下进行各自的组织活动，必须承担法律意义上的责任与义务，发生的关联也可以通过法律关系来确认；从组织角度看，社科类社团与其他社会组织发生的互动关系，涉及合作关系、竞争关系、协同关系、服务关系等，构成了丰富的社会交往网络；从社会治理层面看，社会治理分为国家和组织两个层次，这两个层次的治理都离不开社科类社团与其他社会组织关系。社科类社团是政府治理手段之一，通过社团进行的治理可以充分体现社会化的“参与协同”性，其民间性、群众性和自主性的活动方式大大减少了政府开展治理社会的投入成本，可以替代第一部门和第二部门而起到民主、高效、平等等多方面的社会效应。

下面，我们就以社科类社团与政党、政府、挂靠单位和主管单位等组织的互动关系为主线，来分析和透视社科类社团在社会网络体系中的生态模式及其存在的合法性依据。

一、社科类社团与政党的关系

我国宪法赋予了中国共产党法定执政地位，宪法规定中国共产党是各族人民的领导力量，在国家政治和社会生活中居于领导地位。因此，在我国，社科类社团与政党之间关系主要是与中国共产党之间的关系，社科类社团与中国共产党之间的关系，是社科类社团发展的决定性因素。我国的社科类社团具有鲜明的意识形态属性，是党的宣传思想理论工作的重要阵地，加强党对社科类社团的领导直接关系到社会各界对主导意识形态的认同。

从法律上讲，我们的党与社科类社团之间存在的是一种领导与被领导的关系。社科类社团与中国共产党之间的领导与被领导关系表现为：一是社科类社团的活动必须在中国共产党的领导下进行，党的领导主要是政治领导、思想领导和组织领导，其表现形式就是通过政策的传导和文件的规范以及党组织的形式来指导各种社科类社团的工作，并对其行为进行监督管理。这种体制是保证社科类社团行为规范性的一种有效做法，带有明显的中国特色。二是社科类社团的活动必须遵循党的政策。党的政策由于其法定执政地位在中国具有制度刚性，是各种社会组织必须遵循的行为准则之一，特别是对社科类社团显得更为突出。社科类社团的活动必须在党的政策允许范围内进行才具有政治合法性。三是中国共产党通过政治领导等形式，指导社科类社团的活动方向和组织行为，其体制形式是党的宣传部门领导社会科学界联合会，社会科学界联合会领导各类社科类社会团体，通过这种组织形式把社科类社团整合在党的领导之下，形成聚合力量，共同推动社会精神文明发展。

在此基础之上，社科类社团要充分体现和实现党的意志，主要表现在以下几个方面：

一是社科类社团汇集了不同学科的社会科学工作者，他们所从事的理论探讨、学术研究、学术传播往往都是以一定的政治信仰、政治倾向或学术倾向作为价值导向而展开的，其研究成果的出台和使用，一般都与党和国家的政策需求或精神取向相呼应。例如湖北省高校领导学科研究会明确提出，要“围绕党的中心工作，紧贴高校实际，积极开展各种学术活动”。

二是在社科类社团开展活动的过程中实现政治社会化。社科类社团成员的政治社会化在一定程度上是党的执政目标功能的实现。社科类社团有其自身特定的利益，以及与此相联系的政治价值观和政治倾向，为实现其利益和宗旨，社科类社团会动员其成员接受团体的基本精神和规范，使成员能在最大限度上认识和体现团体的最高利益，并在心理层次上认同团体，保持团体的团结一致。而社会成员要想成为符合要求的团体成员，就必然会经历一个社会化的过程。美国政治学家科思指出：“民主广度与深度的扩展部分是由于争取会员资格而激励起来的自觉性，而且这种自觉性在共同学习、游戏和生活过程中不断获得加强。”我国正处于社会转型时期，政治经济体制的改革对人们原有的政治价值观念和政治态度产生了巨大冲击，并引发了人们的政治价值观念和政治态度的转变。社科类社团的这一政治社会化过程，有助于使其成员的政治参与更加符合党的执政要求和国家民主程序的要求。

三是社科类社团在文化普及和思想精神传播中，要坚持倡导国家主流意识形态。社科类社团为实现党的目标，不仅需要团体成员的努力，往往还需要社会公众的广泛支持，为此，社科类社团还会采取各种手段在文化传播中积极倡导主流意识形态，尽力使这些政治意识得到公众的认同。在中国社会转型时期，随着公共文化服务体系建设步伐日益加快，大众文化现象的日益升温，各种社会思想中的正确与错误、积极与消极并存，否定主流意识形态的杂音、噪音时有出现。特别是西方敌对势力往往从意识形态入手，通过与其他国家的人文社团建立广泛联系，推行他们的价值观、世界观，实施思想文化全面渗透，在意识形态领域制造混乱。在我国，以承担社会科学普及为己任，以推动学术繁荣为使命的社科类社团在倡导主流意识形态中责任重大，是维护国家意识形态安全的重要载体。尤其是在当代中国，要建设社会主义先进文化，构建社会主义核心价值体系，在尊重差异中扩大共识，在包容多样中共铸和谐，形成社会思想领域既百花齐放又主旋律鲜明的生动局面，社科类社团在维护国家意识形态安全中的作用不容忽视。严峻的客观现实，使社科类社团成为维护意识形态安全的前沿阵地。

二、社科类社团与政府的关系

我国的执政党与政府在组织上具有同构性，所以社科类社团与政府的关系和社科类社团与政党的关系具有趋同性，但是具体的表现形式上又有区别。目前党和政府对社科类社团管理工作十分重视，已经将社科类社团管理纳入社会组织管理之中，采取的是登记管理机关与业务主管单位双重管理体制。业务主管单位侧重日常业务管理，登记管理机关是各级民政部门，主要进行登记管理和执法监督。从各省、市、县社科类社团运行看，各级社科联是各类社科类社团的业务主管部门。各省、市、县社科联在各级党委、政府的领导下，与民政部门密切配合，较好地履行了各级党委、政府赋予的管理、指导社科类社团的职责，形成了适合本地实际的社科类社团管理格局。有的省建立了由党委宣传部牵头，民政部门、社科联等有关部门参加的社科类社团管理工作联席会议制度，每年适时召开会议，研究解决社科类社团的管理和建设问题。有的省（直辖市、自治区）社科联与民政部门建立了经常性的沟通协商机制，遇到社团管理方面的问题能够充分交换意见，共同协商解决。有的省（直辖市、自治区）社科联根据不同类型社科类社团的特点，建立了社团联系人制度，通过深入社团开展调查研究，督促检查、具体指导社团业务工作，帮助社团理清工作思路，增强发展能力。从全国的情况看，许多省社科联都在社科类社团中开展了规范化管理与建设活动，把社科类社团纳入目标管理和绩效评估之中。以下具体以我省社科联和民政部门为主体，来分析他们与社科类社团之间的关系状态。

（一）湖北省社科联与社科类社团的关系

根据中办发〔2004〕28号文件，民办社科研究机构实行属地管理，由省级社科联作为业务主管单位，省民政厅作为登记机关。

社科联在社科类社团发展中起到了重要的枢纽型作用。社科类社团的民间性、独立性、群众性、多样性，易使各类别社科类社团处于分散状态，各自为战，各成系统，难于把握。各级社科联组织在组织协调各类别社科类社团中，可以迅速将党和政府的方针政策贯彻到社科类社团之中，将各类别社科类社团纳入社会总体结构之中，使之成为经济社会发展的重要依靠力量；可以整合社会科学资源，发挥社科联独特的“联”的优势，有效地促进社科类社团之间的联合，社科类社团与企业、政府的联合，组织专家学者联合攻关，开展多学科、跨领域、综合性研究，提升整体研究能力，推出一批精品成果；可以在党和政府中架起与社科类社团联系的桥梁和纽带，及时反映各类别社科类社团的意见与建议，为社科类社团做好服务工作；可以按照政府有关社会团体的法律法规，协助民政部门对各类别社科类社团开展绩效评估，发现典型，提高社科类社团的知名度。湖北省社科联作为主要的主管单位，对社科类社团的管理与服务体现在三个方面：

一是建章立制，在制度上不断对社科类社团进行规范管理。1998年国务院《社会团体管理条例》的出台标志着我国社会团体管理体系已经步出各省为政的格局，走上全国统一标准的法制化轨道。2003年，湖北省社科联根据国务院的《社会团体管理条例》和《湖北省社会团体管理办法》，印发了《湖北省社会科学界联合会社会团体管理暂行办法》（以下简称《办法》），这是我省社科类社会团体管理的第一个部门法规，将社科类社团管理纳入了法制化轨道。《办法》对社科类社团的思想政治建设、组织建设、学术理论建设、工作环境建设、档案资料建设制定了统一标准，随着社团管理步上法制化轨道，社团优胜劣汰机制的运行也顺理成章地建立起来。有了规范化的管理制度，所有的社科类社团都在这一范围内开展活动，也进一步明确了在管理形式上对社科联的汇报制度和回应方式。

二是积极引导，开展对社科类社团的业务指导。湖北省社科类社团的类型多样，涉及的服务领域五花八门，作为主管单位要实现对每个社科类社团的业务指导实际上是非常困难的。为了实现对社科类社团的精细化管理，社科联以分类指导为原则，对不同类型的社科类社团进行划分，下发了《省社科联关于建立全省社科类社团协作会议制度的通知》（鄂社科联通〔2009〕8号），每年度通过召开7大类别的全省社科类社团协作会议，由不同的学会分别承办全省社科类社团协作会议。通过这种精准划分来实现对各个社团的工作了解和业务指导，这一方式有效地达到了管理的目的。

另外就是以不定期调研的方式开展对不同社科类社团的具体指导和服务。根据社科联的工作部署，基本上每个月都会到某个社团进行调研和交流，有的社团也经常会在开研讨会、做学术交流活动或发布研究信息等时及时向社科联提出邀请和做好汇报。

例如湖北省钱币学会：

我们还积极向省社科联、总行钱币学会等单位领导做好汇报、反映工作。6月份，省社科联丁亚琳主席一行前来调研，并就如何做好社团工作、如何开展科学普及、如何将纪念辛亥革命100周年钱币系列活动做好做实等方面开展了座谈交流。9月份，原中国钱币博物馆馆长、中国人民银行总行参事室黄锡全参事一行来湖北就钱币文化有关问题开展调研，武汉分行罗玉冰副行长代表分行党委，围绕着“开展钱币研究、承办学术会议、做好反假宣传、组织团队活动、加强制度建设、弘扬钱币文化”六个方面，汇报了武汉分行历年来开展钱币文化建设的有关情况，以及在开展活动中出现的困难、问题和建议。黄参事对我们近年来的工作非常满意，会后，人民银行总行参事室还专门向武汉分行发函表示感谢。

社科联通过参加很多社团或学会的工作会议，形成有针对性的意见与建议，对社团的建设与发展指明了更好的方向，也更有效地解决了发展中的一些问题。例如2015年1月，湖北省社会科学管理研究会在湖北大学会议中心举行了一场研讨会。与会专家学者主要围绕“哲学社会科学如何更好地服务湖北地方经济社会发展”这一主题进行了热烈交流和讨论。在讨论中，省社科联的领导从不同的角度对研究会的发展目标、研究定位、改革重点提出了明确的意见。

省社科联党组书记曾婕指出：哲学社会科学管理工作必须着眼科学管理，要从人才、项目、经费上下功夫，投入更多的力量和精力，使哲学社会科学管理更加科学。要积极推动“社科理论走出去，有突破，对接国外华人社团”，加强对外宣传，扩大知名度和影响力。要在进一步加强马克思主义中国化的研究上有突破，使之成为国家施政、社会运行、人民生活的行为准则和精神坐标。

党组成员、副主席刘宏兰指出：湖北省社会科学管理工作研究会是168个社团中比较年轻但非常重要的学会，是社科界的枢纽学会，承担着管理责任。要坚持“三个一”标准，精心策划、重点支持一批有特色、有潜力的科研项目。要改善社科评价体系，从效率、效益、效能三方面综合评价社会科学项目，使社会科学成果真正成为促进地方发展的推动力量。

巡视员周庆章强调：湖北省社会科学界联合会高度重视哲学社会科学工作，此次研讨会聚焦“哲学社会科学如何更好地服务湖北地方经济社会发展”，必须紧紧围绕主题，在相互交流、碰撞、启发中找准哲学社会科学的定位，主动投身社会实践，贡献智力成果。

三是奖惩分明，加强对社科类社团的监督与激励。一方面是有严格的督查形式。为了加强对省级社科类社会组织（以省社科联作为业务主管）的管理，进一步推进社会组织切实履行社会责任，根据湖北省委宣传部的工作部署，湖北省社科联明确提出了要对省级社科类社会组织2016年度开展或拟开展的重大活动进行摸底调查，请各省级社科类社会组织结合自身的实际情况，认真开展自查，据实报告。同时湖北省社科联规定，社团召开会员（会员代表）大会、理事会、大型学术报告会、研讨会；承接研究课题和调查课题；接受捐赠；举办展览会、展销会等大型活动；开展涉及重大政治、经济、理论等方面跨组织、跨领域的活动；组织涉外研讨会、组团出国出境、与境外组织交流交往、接受境外的捐赠等涉外活动的，应提前15个工作日报省社科联审批或备案。社团不得随意举办各种评比、达标（排序、授牌）、表彰、比赛活动。确有需要在会员中举办以上活动的，必须在举办活动前15个工作日向省社科联报送活动详细方案，并填写《湖北省社会团体举办评比达标表彰比赛活动审批表》。社团举办以上活动，不得向会员收费，也不得向单位索要赞助费。不按规定事先报告、不办理备案或报批手续，一经发现，省社科联将对相关社会组织和主要负责人进行谈话提醒、问责追责。

另一方面，社科联也积极为各社科类社团的发展提供了很多激励发展的举措。例如近几年每年都开展湖北省社科类社会组织骨干培训班、设立湖北省社科联的优秀课题成果奖、制定《“支持社团开展重点活动”项目管理暂行办法》，对省属社科类社会组织已经完成或即将完成的重点活动进行奖励性资助。同时社科联还将社团建设的各项指标分解量化评分，每两年进行一次标准化社团评估活动，并在此基础上开展社团评先和社团工作者评先活动。通过标准化评估和社团评先活动的推动，社团自从整体上看，我省社科类社团发展势头很好，也在调整进步，越来越多的社团已经进入到先进和比较先进这个层次，社团活力进一步加强，社团开展的各类活动取得了很好的社会效益。

尽管社科类从各方面尽可能地做到管理的规范和服务的全方位，但是由于相对比较松散的互动模式，在社科联和社团之间依然也存在着“管理虚置问题”。

湖北省社科联在调研中指出：

所谓管理虚置，这是借用经济学中“产权虚置”的概念来说明我们社团管理中的一个现象，即社科联对社团的管理有些无法落实或者落实不到位。比如，按大事报告制度，社团召开大型学术会议、接受捐赠、举办涉外活动要报告；社团换届、变更法人代表要进行财务审计；但是他不报告你也不知道，他不审计或者自己找个审计事务所做个审计报告，不通过业务主管单位，你也没有办法。还有，对于全省社团情况的综合掌握，因为有些社科类社团不是社科联的团体会员，跟我们没有任何联系；有些虽然是团体会员但是由其他部门做业务主管，了解掌握这些社团的情况也不是很方便。

也就是说，由于信息的不对称、社团工作的不透明，以及管理上的幅度较大，造成了管理上依然有真空、有漏洞，需要有更多的社会主体相互配合，也需要有更合理的制度约束，使社团有更多的主动回应性。

（二）湖北省民政部门与社科类社团的关系

在操作层面，民政部门作为登记机关负责登记审批，指导检查监督和查处违法行为；业务主管单位负责组织申请登记、人事管理、财务管理等日常事务。这种登记过程的单一许可制度，配合监督管理过程的统一法律制度，在我国目前情况下是一种有效的社会团体登记管理制度。尽管这种制度有许多不尽人意的地方，但是这种领导模式反映了现阶段我国国家与社会关系的特点和政府的需要。它对规范社科类社团行为、增强社科类社团公信力、发挥社科类社团的正向功能、促进社会发展起到了重要作用。

湖北省各级民政部门对社科类社团的管理一个方面主要体现在登记上，另一个方面则体现在年检中。注册登记上，社团需要完成一个前置程序，就是找到主管部门，也就是说，如果没有主管部门的同意，社团是无法到民政部门登记注册的，这无形当中为民政登记设计了一个门槛，使民政部门在登记这个“入口”有了更多的把握。在年检中对各社团也提出有明确的要求，如果达不到这些相关要求，年检就会通不过。如果发生以下情况，则年检不予通过：1. 一年中未开展任何业务活动的；2. 经费不足以维持正常业务活动的；3. 违反章程规定开展活动的；4. 违反财务规定的；5. 内部矛盾严重，重大决策缺乏民主程序的；6. 违反有关规定乱收会费的；7. 无固定办公地点 1 年以上的；8. 未办理有关变更登记或机构备案手续的；9. 无特殊情况，未按章程规定按时换届的；10. 相关重大事项未及时向省社科联报批或报备的；11. 年检中弄虚作假的；12. 违反其他有关规定的。这样的规定，无疑对社团有效开展工作是一个监督和促进，使社团能真正有意识履行自己的职责，达到社团正常开展活动、有效服务社会的目的。

在实际工作中，由于社科类社团数量庞大、类型多样且分属于不同的业务主管部门，作为民政主管部门因为自身工作繁忙，对社科类社团的业务缺乏了解的渠道以及缺少专职人员从事相关管理工作，致使在一定程度上出现对部分社科类社团的管理失之于管、失之于控。

（三）社科类社团中的党政领导兼职情况

党政机关领导干部在社科类社团兼职一度是社团发展的重要助力，但也带来了社科类社团在管理上的一些问题。1998年，中共中央办公厅、国务院办公厅下发《关于党政机关领导干部不兼任社会团体领导职务的通知》，随后民政部下发对《〈关于党政机关领导干部不兼任社会团体领导职务的通知〉有关问题的解释》，对党政机关领导干部在社团兼职的情况做出具体说明。通知指出："坚持党政机关领导干部不得在社会团体中兼任领导职务的原则。对因特殊情况确需兼任社会团体领导职务的，应由社会团体业务主管单位征得干部所在单位同意，并经本人所在单位组织、人事部门审核后，由干部主管部门按规定程序报批。""党政领导干部因特殊情况确需兼任社会团体领导职务的，应按以下原则掌握：其社会团体必须是在国家、地区、行业和社会政治生活中起着重要作用，在中介组织中有一定影响，且主要领导职务一时没有合适人选担任的社团组织，而不是一般的民间性社会团体；在确定社会团体的作用和性质后，确因工作需要，领导干部本人又无其他社会兼职，且所兼任的职务与本职业务相关的，根据实际情况可以批准兼职。"

通知出台后，大批社科类社团对这类情况进行了清理，社团组织结构和人员构成也发生相应变化。对湖北省的调查显示，目前仍有党政机关领导干部兼职的社科类社团约占51.92%，其中又以处级（42.31%）和厅级（44.23%）干部为主。

表22 党政机关领导干部在社科类社团任职情况

	频率	百分比（%）
否	25	48.08
是	27	51.92
合计	52	100

表23 各级党政机关领导干部在社科类社团任职情况

	省级干部兼职		厅级干部兼职		处级干部兼职	
	频率	百分比（%）	频率	百分比（%）	频率	百分比（%）
0	47	90.38	29	55.77	30	57.69
1～5	5	9.62	21	40.38	14	26.92
6～10	0	0	0	0	4	7.69
10个以上	0	0	2	3.85	4	7.69
合计	52	100	52	100	52	100

但各类社团中党政领导干部兼职情况不一。在文史哲类社团中，这一情况相对较少，约 23.53% 有领导干部兼职；而在经济学类社团中这一情况最为突出，81.82% 的经济学类社团存在此类状况，其次为政治学类（75%）、社会学类（75%）。从访谈情况看，这类社团主要目标和任务与国计民生密切相关，相较来说在国家、地区、行业和社会政治生活中起着重要作用，因此，领导干部社团兼职能够在指导社团发展、强化社团与经济社会联系方面起到重要作用。但同时，党政领导干部兼职特别是在重要岗位，诸如会长的任职，是否会导致过多的行政干预，影响社团的独立运作，这一问题需要注意。

表 24　各类社科类社团党政领导干部兼职情况

（单位:%）

	否	是	合计
文史哲	76.47	23.53	100
经济学类	18.18	81.82	100
政治学类	25	75	100
社会学类	25	75	100
教育学类	54.55	45.45	100
其他	40	60	100
合计	48.08	51.92	100

综上，从社科类社团人员构成和分布看，高校是社科类社团发展的主要阵地，承担着汇聚人才、交流学术、深化研究的重要功能。另外，社科类社团的发展不能偏离服务社会、建言献策的重要功能。而领导干部在社团兼职，能够为社科类社团深化其智库功能、提供政策咨询提供契机，一定程度上也是社科类社团发展的重要推力，但同时需要注意“行政化”问题。独立性是社会团体作为民间社会组织首先应当具有的基本特性之一，也是其充分发挥团体功能的前提之一。而中国的社会团体在一定程度上恰恰缺乏独立性，这与党政领导干部的兼职有一定的关系。

总之，目前中国在政府与社科类社团关系上仍是政府主导模式，即绝大多数社会服务仍由政府单方面提供，政府政策制约与影响着社科类社团，社科类社团的发展离不开政府的推动和影响。所以中国式的政府与社科类社团关系应该是互动合作模式。政府与社科类社团的合作主要是社会科学研究、学术繁荣、公共教育与公共服务等方面的合作。通过政府指导、订立合同和政府购买服务等方式进行合作，社科类社团可以做许多政府想做而做不好的事情，弥补政府越位与缺位问题；与此同时，社科类社团也可以在政府的扶持与培育下完善自我，成为建设有中国特色社会主义的重要力量。政府与社科类社团的竞争关系主要体现在社会化和市场化的公共服务领域。比如社会咨询、国民教育、人员培训等。主要竞争的是公共服务的市场份额。由于我国正处于社会转型期，通过多次行政体制改革，政府让出的社会领域在逐渐扩大，但是我国社会仍然是一个政府主导型的社会，公共服务社会化刚刚起步，所以政府与社科类社团的竞争关系目前还在形成的过程中，在现实社会生活中表现不明显。社科类社团与政府的积极有效合作是现代社会文明发达的重要标志，因此，处理好社科类社团与政府的关系是社会组织良性互动的关键。

另外，完善的政策法规对我国的社科类组织的发展有着重要的促进作用，但实际情况却是：虽然国家专门出台了一些关于社会组织的法律法规，但并未建立起适用于社会组织的完整的、系统的法律体系。特别是针对社科类社团的专门政策法规与地方管理条例。而现有的社会团体管理法规往往又侧重于程序管理方面，缺乏实际针对性与可操作性，致使在对社科类社团的管理中形成了较多法律“盲区”与“真空地带”。如，对社科类社团内部的学术建设、组织建设、制度建设、财务管理等方面缺乏可操作性的法律规定；政府购买社科类研究成果并鼓励社科类社团参与公共文化服务的财政扶持政策不到位；鼓励社会各界扶持社科类社团发展，允许社科类社团接受国内各界捐赠，扩大社科类社团资金来源的政策法规还不到位，对社科类社团充分享受与慈善团体一样的税收优惠政策还不到位；鼓励有志于从事社科类社团管理工作的人才政策，鼓励社科类社团承接政府转移的学术评价、人才评价、参与学科建设的政策还不配套。更为重要的是，我国现行法律中缺乏一部专为社会团体制定的单行法。出于上述缘由，致使我国社科类社团的行为缺乏法律规范，也使其合法权益不能得到有效维护。

（四）社科类社团与挂靠单位的关系

按照民政部门的要求，社科类学术性社会组织要逐步成为独立的社会组织，不再有挂靠单位。但在实际工作过程中，由于我国经济还不够发达，社科类学术性社会组织自我造血功能还不完善，没有很强的自我生存能力。因此，这类社会组织需要一个强有力的挂靠单位来支持工作、支持研究。在实践中，是否有挂靠单位对社科类社团的生存与发展具有很大的影响。从目前情况看，虽然政府取消了挂靠单位这个层次，但是事实上挂靠单位是存在的，在各厅局和大专院校办公的社团实际上是依托在这些单位的，而且有挂靠单位的社团，一般工作起来比较得心应手，很多活动都是与单位的业务联系起来开展的。以业务单位做业务主管的就更不用说，有的社团就是单位的一个部门。相对而言，没有挂靠单位的社团工作中困难比较大。

可以说，由我国特殊的国情决定，挂靠单位就是社科类学术性社会组织的后盾。挂靠单位对社科类社团的支持主要有三点：第一是政治上把关；第二是业务上指导；第三是经费上支持。尤其是经费上支持，这一点现阶段对我国社科类学术性社会组织的生存十分关键。因此，对现阶段社科类学术性社会组织与挂靠单位的脱钩，目前依然是很复杂的问题，这个问题在后一章有更详细的论述。

三、社科类社团与企业的关系

在经济领域，社科类社团也承接了政府对经济进行微观管理的部分职能。市场失灵使得国家作为“看得见的手”渗透到了经济的各个领域，但是国家作为市场失灵的纠错者倘若全方面介入，又窒息了经济成长的活力，造成“政府失灵”，这就势必求助于社会组织为其分担一部分的管理职能和服务职能。随着社会的全面发展，社科类社团与企业的互动关系也愈来愈频繁，它们之间的关系主要体现在服务与合作方面。

从服务方面来看，社科类社团主要为企业提供的服务有：第一，决策咨询方面的服务。社科类社团借助自己的人才优势和智慧优势，为企业决策进行可行性研究、前景预测、项目审查等。第二，管理咨询方面的服务。社科类社团，特别是以经济学科和管理学科为研究主体的社团，参与企业管理，帮助企业制定管理制度、改革管理措施、完善管理细节。这种管理咨询服务涉及企业运行的各个方面，为提高我国企业在国际市场的竞争能力起了一定作用。第三，市场准入服务。在市场准入方面，社会团体可以为市场主体及市场准入的管理者提供诸如注册资本的验证、资格及有关法律文件的公证、见证等中介服务业务；在市场交易秩序方面，社会团体通过为市场主体提供交易场所、拟定交易规则、监督交易行为、实行行业自律，促进市场交易的有序进行，便于政府对具体交易活动的动态规制；在市场纠纷解决方面，社会团体通过验证公证，预防纠纷的发生，也可以使已经发生的纠纷得以及时、有效、公正解决。第四，人员培训方面的服务。员工培训是对企业最好的投资，也是增强企业活力及效率的重要方法，因此得到了企业的高度重视。员工培训渠道是多元化的，社科类社团也是企业员工培训中的一支重要力量。调查发现，目前对企业进行培训服务是社团的一项重要职能，也是社科类社团重要的经费来源。很多社团通过为企业提供培训服务融入社会生活，发挥其知识优势，为社会做出了贡献。

社科类社团与企业的合作主要表现在：一是与企业共同进行软科学项目研究。这些研究多集中在企业遇到的难点和热点问题以及企业的远景规划、行业发展战略、生产国际化和管理国际化等一些企业发展的重要领域。二是与企业共同进行产品开发研究和管理技术研究。主要是为产品开发做市场预测和调研、为产品的市场前景做论证等。共同进行管理技术研究涉及的面更广一些，涉及了人员管理、绩效管理、部门管理、流程管理、营销管理等企业管理的诸多方面。有些社团成员还被企业聘为管理顾问和咨询专家。三是订单式合作服务。企业将需要的管理咨询服务进行合同外包，按照合同要求寻求社会知识资源，由社科类社团承接来达到为企业服务的目的，这种方式由于成本低、效率高，得到社科类社团和企业的青睐。社科类社团在经济领域的诸如此类的权责分明的市场服务职能有效地缓解了“双重失灵”带来的市场无序的局面，一方面减轻了政府的压力，另一方面也是对政府无限度经济干预现象的有效制约，有助于净化市场，维护正常的经济秩序。

新民教育研究院在访谈中说：

与企业之间的合作，比如我们跟汉星印刷厂之间建立了长期合作关系，他们不但非常乐意帮助我们印刷杂志，而且还免费帮助我们排版、运送等，他们老板娘说对于这样的公益好事，我们应该去支持。当然我们对他们也是有回报的，比如在我们的论坛专刊号上对他们的企业进行宣传，这种品牌效应相信也是他们所期望得到的。而与其他的非营利组织的合作，一方面是在同一公益项目上的合作，比如我们与LDY教育基金会合作开展FY国际杯学生作品大赛，免费为学生评奖；另一方面是组织相互之间精神层面的支持，比如武汉科技大学基金会研究所作为一个高校的非营利组织研究机构，就对我们的工作给予了极大的关注与帮助，不仅研究所的一些教授、博士会给我们提出一些针对性意见，还会指派一些研究生学生到研究所进行实习工作，支持研究所活动的开展，这使我们获得了很大的精神动力。

可见，作为企业来说，企业将自己的一些项目外包给社科类社团去运作，或者说通过社科类社团进行品牌慈善宣传，以此为渠道在实现企业的社会责任的同时为企业创造精神价值，在这一过程中，企业又将社科类社团接纳引入经济运行当中来，这就形成了一种间接性的社会嵌入模式。与此同时，社科类社团通过与其他类似组织的合作与沟通交流，拓展了自己的关系网，为自己的生存积存空间，从而加深了自身镶嵌在社会中的深度，形成了一种合作性的结构嵌入模式。

总之，社科类社团与其他社会组织互动频繁，关系密切，已经成为国家的主要社会关系。在这些关系中，可以大致分为单一式和多向式等结构形式。单一式结构指社科类社团只与相对固定的某一类社会组织发生关系，比如某个局里的社科类社团只与本局（政府）发生工作关系，而很少与其他社会组织产生往来就属此类状况。多向式结构就是社科类社团同时与不同类型的多个社会组织发生关系，比如社科类社团同时与政党、政府、企业、事业单位和其他社会团体等有工作往来或合作关系，并呈现出放射性特征。目前大多数社科类社团在激发活力的政策支持下，已经开始越来越多地与社会发生互动，使组织的社会化功能不断增强，对社会的影响力越来越大，因此，从战略高度研究二者之间关系是一项重要的社会任务。

第六章　湖北省社科类社团的身份与制度困境

从整体上看，我省社科类社团发展势头很好，通过标准化评估和社团评先活动的推动，社团自身也在调整进步，越来越多的社团已经进入到先进和比较先进这个层次，社团活力进一步加强，社团开展的各类活动取得很好的社会效益。另外，仍然有少部分社团还是基本处于没有活动的停滞状态，各种存在的问题也不容忽视。通过前文的实证分析，我们发现，主要存在以下现象。

一、社会身份：寄生与依赖

社科类社团从产生之日起就具有不同的身份烙印：官办与民办。我省的大多数社科类社团是在20世纪80年代初期思想大解放的背景下，在计划经济条件下，由政府部门倡导成立的，许多社团的主要领导也是由党政机关领导兼任，学会秘书处等办事机构挂靠在相关处室，实际上是一种半官方组织；而社团的学术活动也是围绕着挂靠单位的中心工作开展，其成果也主要是为这些党政部门决策服务。有官方背景的社科类社团占据了我省社团的一大半，他们在办事机构设置、人员编制管理、专职工作人员管理和内部管理制度等方面，基本上是按照挂靠单位的运行机制和管理模式建立起来的。即社团（学会）挂靠在什么类型的单位，也就形成了什么样的运行机制，并使用类似的管理制度，在这种环境下，由于受挂靠单位行政管理体制影响，形成了一种“行政主导”下寄生和依赖的管理模式。以湖北省工商行政管理学会为例，在挂靠单位和本学会的之间关系问题上，秘书长这样回答：

访谈者：省工商局跟你们这一块的业务有何关系呢？

秘书长：我们离开他们就没办法……严格来说，我们这个学会虽然在民政部门登记了，但是我们和工商局没有完全脱钩，也脱不了。现在我们学会和商会、行业管理协会是不一样的，我们起一个桥梁纽带作用。我们主要搞工商行政管理的理论宣传。我们自己办了一个导刊，内部会员还有工商局干部，他们感兴趣就自己写写文章。这个导刊在工商局一成立的时候，也就是学会一成立的时候就有，现在已经有200多期了。

除了非常直接的对上服务职能，在学会的人员编制、人员管理甚至成效评估方面，也体现出与主管单位、挂靠单位之间的相互嵌入关系。或者换一句话说，学会的人就是“单位里的人”，如果干得好了，就会被再“调到局里工作”，因为那里才是“中心工作”。

秘书长：对，是的，还有一个最关键的就是人，就是社团团体本身是无编制的，所有的人像我，我本身是省局那边的，我现在的编制还是行政编。

访谈者：是不是你们工作人员的这个身份都是属于行政编和事业编？

秘书长：对，我们是这样的，因为我们学会本身在编办那边不是事业编，它是社会团体，它是不带编的，所以我们现在的工作人员实际上都是工商局指定这些人来干这些事儿，而我们的编制都是用的其他的编。

访谈者：你们拿工资还是找工商局拿？

秘书长：肯定找工商局拿，你看我们经费也就一年20多万元，都顾不了。

访谈者：所以这个经费完全不包括工资、福利这些？

秘书长：不包括工资。你看，我是主要秘书长，是行政编，他们两个人是事业编，你看我们小李（男），在广告监督中心，也是事业单位。

访谈者：他们是有编的？

小李（女）：我们都是有编的。

秘书长：小李（女）是在干校，是有编的，凡是有编的财政就有拨款。

访谈者：就是说她是从干校那边调过来的吗？那她的编制呢？

秘书长：她的编制在干校，等于说我们是工商局安排过来做这个事情，她在干校一天都没待过。

访谈者：但是她用的是干校的编制？

秘书长：对，你总要有编制啊，不然你工资从哪儿来。

访谈者：那这个小李（男）是从广告监测中心过来的？

秘书长：对，他是从广告监测中心过来的，但是他也没在广告监测中心待过一天。

小李（女）：就是报考的时候是考的这些单位，但是进来以后就分在学会工作，只是用了别人的编招人。

秘书长：我们这种社团它没有独立性，因为没有经费，我们只有那 20 几万块钱，我们也不能去社会上招人，所以我们现在很省啊。

访谈者：那你们的工作内容上有重合吗？

秘书长：肯定有重合的，他们发调研课题，我们每年也要发调研课题，所以有重合。再一个，还有更重要的，我们底下的会员单位，基本上都直接跟办公室捆在一起，学会秘书长是由办公室副主任兼任的。

访谈者：他就相当于兼职在做学会的工作？

秘书长：他也不算是兼职，他虽然挂了办公室副主任的名称，但是他既要完成办公室写材料的事情，也要完成学会的事情。

秘书长：你们主要对学会这一类社团进行研究是吧？你们可以发函去重庆、海南，这两个地方是没有学会的。重庆曾经有学会，但他们已经在民政局注销登记了。总局学会那边也没有海南这个会员单位，可能他就没有这个学会，所以就是这个学会设立的必要性问题。虽然我自己就是这个学会的秘书长，但是有的人非得要说自己很重要的话，我倒不这么看，其实工商局办公室兼顾着做一下也可以。

访谈者：那反过来说，如果想把这个学会做好的话，需要创造哪方面的条件或者改善哪方面的问题呢？

秘书长：总局的学会算是做得比较好的，因为他们有公开出版物，手里还有一批重量级的专家、智囊团，定期给他们写稿子。但是越到基层，尤其是县一级工商局任务主要就是日常执法，任务很重，所以县工商局的局长会把这个执法工作放在首位。每年工商局局长对上年作总结，消费维权占了总结的三分之一，其他市场监管部门占了三分之一篇幅，注册登记占了三分之一篇幅，提到学会、协会就是广告协会、商标协会等也做出了贡献，一句话就概括了。所以我总是在这样想，不能为了发展学会而发展学会，它有没有存在的价值，为什么有的地方把他否定了，他跟高校的某一个方面的学会进行理论研究不一样，高校那是在进行火花的碰撞和思想的交流，我们这个发论文不一样。

访谈者：所以你们也在思考这个学会真正的社会意义有没有体现？

秘书长：全国一共有45个会员单位，我们是15个先进会员单位之一。在工商局里面，我们每年也是最佳文明处室单位，我们支部也是先进党支部，但是你要真正体现个人能力的话，局里马上又把你弄走了。所以在这里你做得太好的话，比如做调查研究出了好几篇有分量的成果的话，局里就会把你升到办公室搞副主任或者主任去了，因为那儿才是工商局的中心工作，而我们是围绕中心工作服务的。实际上我们这种学会有点儿相当于工商局的内设机构，还是没有根的内设机构。所以其实办公室来兼职做这个事情，编杂志、开研讨会、论文集组织评选也没有什么不可以，就是放在干校兼任做也可以，所以总的就是这么个客观情况。

可以看出，这个学会长期处于国家行政管理体制内，学会办事机构在干部任免、调动等工作上，都是由挂靠单位人事部门负责，行政色彩浓厚，用人制度僵化，人员正常流动不畅，不利于调动学会工作人员的积极性。挂靠单位在对学会办事机构管理过程中，基本是把行政管理权置于学会领导决策权之上，在学会重大事项决策和管理工作中，以行政权力影响正常决策程序，使民主办会原则受到削弱，他们把对学会办事机构的管理，等同为对学会的管理，片面强调学会要接受挂靠单位的领导，用行政命令的方式替代学会民主办会作用的发挥，学会在发展过程中有行政化的倾向。另外在经费的支持上也可以看出，作为一个依附于挂靠单位的学会，其基本的经费都是来源于“拨款”，也就是财政支持，自身基本没有筹款，会费收入少之又少，甚至可以忽略不计，按他们的说法，是“不搞创收，也不收费”，从源头上无法摆脱政府的身影，从走向上来看无法自我生存。

访谈者：团体会员有多少？是每一个市州都有一个？平时这些团体会员会开会吗？

秘书长：团体会员就 17 个市州学会会员单位，本来我们和会员单位是没有上下级的关系的，你是社团，他也是社团，毕竟我们现在的工商学会与工商局结合得太紧密了，所以离开工商局，这个工商学会就没办法生存，所以这是我们这个学会最大的特点。因为我们这个经费来源主要就是工商局拨款。

访谈者：是全部拨款吗？没有其他任何筹款？

秘书长：筹款有一点点，就是下面的团体会员交款，团体会员一个地方一年交 5000 元。我们也是总局学会的成员，所以我们也交费。我们的经费就两大块，主要是工商局拨款。

访谈者：工商局拨款能拨多少活动经费呢？

秘书长：一年 20 多万元，团体会员会费交 7 万多元，反正我们一年就 30 多万元钱。

访谈者：就按照这个数量来做事是吧？

秘书长：对，肯定要量入为出啊。严格来说，下面的工商局学会也是下面的工商局拨的款，它自己也不创收，我们自己没有任何创收，我们不搞创收，也不收费。你看国家工商总局对个人会员收 100 块钱，实际上它整个的个人会员加起来也就几十个人，也是杯水车薪。所以这个学会最大的特点就是依附于工商局，依附于行政机关，我们的经费财政顾不了，现在工商局每年还要跟我们学会签一个政府购买服务的协议。

访谈者：是现在开始的吗？

秘书长：不，已经三四年了。政府购买服务每年签一个协议，这个协议的内容就是你给我编导刊，你给我出优秀论文集，你帮我去做课题。

因此从整体上来看，湖北工商行政管理学会是一个典型的行政依赖性组织。

访谈者：请问一下，除了您的这个学会以外，像审计学会、税务学会是不是也是这个做法？

秘书长：估计是，一般都是这样。因为我们这些学会离开了行政机关就没办法生存，它跟那些行业协会发展非常不一样，行业协会发展趋势就是成了行业的自治组织，为会员服务，我们这本身就是研究工商行政管理的法律法规、政策，是研究这个东西的，就是为机关服务的，离开了机关就没有存在价值了。而行业协会是为会员服务的，它的会员单位非常多，逐渐地真正成为它自己的组织，成为自己的组织就真正地成为政府和企业连接的桥梁。

访谈者：所以说你们这个学会和行业协会还是不一样的，定位和职能有很大的区别。

秘书长：有的地方已经把这个学会取消了，例如重庆因它只要在工商局内有人搞这个事情就行了。

访谈者：那注销后还有哪些机构可以做这个事情呢？

秘书长：比如办公室一样可以编杂志。

经济社会的快速发展已经使我国处于一个长期的、持续的社会转型过程中，这促使我国的社团需要应时而动。如前所述，我国当下的社会环境变化有以下几方面：一是社会结构发生重组，社会从一元化结构向多元化结构转变。如经济结构中的企业构成，不再是单一的国有企业及其他公有制企业，民营企业及混合所有制企业逐步发展壮大，社会群体结构也产生分化出许多新的阶层，社会组织结构中的经济与文化组织取得迅猛发展；二是社会层次结构发生转变，由一个农业大国向工业大国转变，第二、三产业在经济领域居于主导地位，城市化进展迅速，就业结构也发生显著变化；三是社会规范逐步加强，从人治社会、伦理社会逐步过渡到法治社会，社会的法治特征日益明显；四是社会体制逐步转轨，由之前的计划经济体制转向市场经济体制，所有制结构由过去的单一公有制变为多种所有制并存，国家经济管理由过去的直接管理变为间接调控为主，市场经济新体制已基本确立。上述社会环境的变化使得社科类社团发展的外部环境也发生了巨大的变化，新环境下产生了许多亟待解决的新课题，这使得社团的功能正在面临重新界定以及科学定位，也是社科类社团发展所面临的时代挑战。但由于长期以来形成的发展观念和较为僵化的管理体制，使得部分社团产生了路径依赖，不能及时调整发展思路以因应外部发展环境的变化，从而与社会发展要求显得格格不入。

二、特殊的上下级

社科类社团作为社会组织，在外部治理方面实施的是“双重管理”制度，也就是接受登记管理机关和业务主管部门的双重管理。

1. 登记管理：我国对社科类社团的管理一般采取“分级负责、双重管理”体制，即由各级民政部门作为对应的社科联及社科类团体的登记管理机关，依据《社会团体登记管理条例》与《社会团体分支、代表机构登记办法》等部门规章，主要负责社团的成立登记、变更备案、年检评估等工作，这意味着所有社科类社团在成立之前都必须到的民政部进行登记并得到其许可，以保证社团的活动方向与活动范围在法律的规定框架之内；同时，各级社科联作为对应的社科类社团的业务指导部门，保证社团的活动方式与活动内容科学、有效。

2. 业务管理：各级社科联作为各类社科类社团之间的桥梁纽带一方面与各社科类社团加强工作联系，为推进学术繁荣搭建有力平台；另一方面按党和政府的要求对其进行行业管理。再者，各级社科联一般按照行业属性对所辖社科类社团进行分类管理，如湖北省社科联便将其所属社科类社团按不同类型特点分为文化历史类、哲学文化类、经济类、法学政治类、综合类、民研类等六大类，并建立相应社团联系人制度。并且，各级社科联还需深入社团调查研究，督促检查、具体指导社科类社团的业务工作，帮助社团理清工作思路，增强社团发展能力，实施对社科类社团的目标管理、科研项目管理与绩效评估等。通过这两方面的工作形成对社科类社团双重负责、区别对待、分类指导的管理格局，提高对其管理、指导与服务的水平。需要特别说明的是，我国各级社科联及社科类社团彼此之间虽然存在一定的业务指导关系，但并不表示其相互之间存在隶属关系，换言之，各级社科联及所属社科类社团之间是相互独立的。

另外在新的形式下，逐步开始重视和规范对社科类社会组织的党建工作管理。社科类社团作为国家重要的意识形态阵地，其党建工作日益重要，是党的基层组织建设的重要领域。党对社科类社团党建工作的管理一般通过各级社科联的党组与机关党委来实现，其方针、指示能通过社科联的党组与机关党委得到有效贯彻与执行。自党的十八大以来，党对社科类社团的党建工作的重视程度更是前所未有的提高。这主要表现在最新颁布的《中国共产党党组工作条例（试行）》与《关于加强社会组织党的建设工作的意见（试行）》中明确规定符合条件的社会组织应设立党组，并对社会组织的党组运作做了具体规定。一是要求地方党委依托党委组织部门与民政部门设立专门的社会组织党建工作机构对社科联及所属社团的党建工作进行指导与管理；二是要求各级党委组织部门和社会组织党建工作机构要加强统筹协调，定期召开社会组织党建工作会议，及时研究社会组织党建工作的重要问题并提出解决办法。上述措施进一步完善了党委对社科类社团的党建工作的领导机制，使社科类社团的政治功能和政治作用得以更好地发挥。

以三国文化研究会的访谈为例。

访谈者：所以像您说的，社科联每年以联谊会的形式组织大家在一起交流，省民政厅则主要以培训的方式来开展管理工作，然后您这边也相对独立，做一些项目也都是自己去申请，然后再以合作的方式和其他的地市州来开展研讨和交流。

H 老师：对，有时候自己去申请，有时候也是受委托。

以工商行政管理学会为例。

访谈者：那省民政厅这一块儿主要是有什么联系呢？

秘书长：省民政厅主要是进行社团登记管理的，每年年检也是社团登记管理的事项之一。

访谈者：所以平常省民政厅主要就是做年检？

秘书长：对，因为机关的学会一般都比较守法。他们最近好像还下发了一个关于社会组织廉洁自律的文件。

访谈者：那社科联跟你们有联系吗？

秘书长：有联系，社科联每年也开会，连省委宣传部长都去参加。社科联每年必须开会，这也是组织章程规定的。平时说实在话没什么联系。

访谈者：社科联对课题招标也可以针对你们这边的学会吧？

秘书长：也可以，但是钱不多，可能就几万块钱。社科联有时候也搞论文评选，有一年我们得了一个理论成果创新奖。

但是双重管理对社团来说，客观上是存在一定的问题的。这方面的问题主要表现在：一是社科类社团在通过登记注册取得合法地位之前，必须先找到主管单位，取得行政意义上的“许可”，另外，登记注册手续复杂、程序严格，使很大一部分自发成立的社团不能登记注册，游离于管理体制之外。二是控制过严。在现行管理体制下，社科类社团各方面活动都被纳入有关部门的管理体系中，从而导致社团过于依赖“上级”，“官办”色彩和行政化倾向严重，独立性不足。这样的管理体制强化了对社科类社团的行政控制，在实践中造成了社科类社团的依附化、多头管理等问题，限制了社科类社团的健康快速成长。三是我国对社科类社团管理存在着重登记管理轻规划指导和过程监督的问题。在社科类社团注册登记后，主要是运用行政手段——年检进行管理，而对社团发展缺少学科角度的规划和指导，对社团的整个活动过程也缺乏必要的监督。四是由于业务主管单位没有行政执法权，缺乏衡量和追究责任的资格和手段，在管理上对社科类社团缺乏约束力，因此存在管理虚置现象。五是评估机制不完善。近年来，开展的评估活动存在着评估对象范围小，评估指标不科学，评估主体单一，评估方法、手段落后等问题。

除了这些制度性规范之外，其实还有一个现象：湖北省大部分社科类社团的一个特性，就是作为省级社团（学会、协会），一般在更高层级上都建立有国家级的学会或协会，而国家级学会或协会与省级组织之间自然就建立了一个上下级关系。由于业务上的关联、职能上的相似、活动上的相互交叉与相互支持，两者之间的关系无形当中已经密不可分。但事实上，作为省级社会组织主管单位或管理机关的正式“婆婆”，却与社团维持着一种相对游离与疏远的关系，形成了一个与正式规范和制度相偏离的现象。

以对湖北省粮食经济协会的访谈为例。

访谈者：你们跟中国粮食经济协会是一个什么样的一个关系呢？

王秘书长：领导与被领导的关系。

访谈者：那平常他们怎么去领导你们呢？

王秘书长：他们开展全国性的研讨会，我们也要参加，有什么事情大家一起交流一下。

访谈者：也就是说你们主要是得到他们的一些支持。

王秘书长：支持倒没有，我们主要就是配合他们做一下课题、调研，给他们提供一些资料，我们这些年已经配合他们做了不少的开题。实际上他们就是对我们提供一些业务指导吧。例如他们会根据今年的形势，指出粮食发展重点是什么，指导我们在这些方面开展一些调研。比如说，之前搞了几个现实的调研课题，包括县域粮食经济的发展、低收入人群的生存和发展。我们就根据湖北的低收入人群的现状进行调研，形成一个报告。这个报告也参加了中国粮食经济协会第十一次粮食经济论文评选，在全国范围内一共有两个一等奖，我们这个报告就获得了其中一个一等奖。因为我们也做了很多工作，写东西的话还是需要实际调研，理论联系实际。

以对楚文化研究会的访谈为例。

王副秘书长：我们的研究内容跟楚史所的区别，如果说相同方面来说，都是研究楚国文化，但是研究的方向有所偏重，他们研究的是偏重历史地理方面，而我们这边偏重楚国历史和楚国文化。然后还有一个重要的点就是我们有了全国性的学会。1981年成立了湘鄂豫皖四省楚文化研究会，河南的南部、湖北和湖南的全部，再加上安徽的长江流域，这些地区曾是楚国的核心地带。在这片地区出土的墓葬文物是最多的，都很有代表性，所以把这四个省合起来，搞了一个全国性的研究会。

访谈者：那在这之前，各省有自己的研究会吗？

王副秘书长：那个时候还没有，1981年成立全国性的研究会，1991年我们才成立了湖北省自己的研究会。当时还有考古学界第二次全国年会，第二次年会的主题就是楚文化、楚文物。所以在20世纪80年代的时候，楚文化的研究已经非常热了。

李副秘书长：所以说从80年代开始，楚文化研究真正进入了高潮。在这样的背景之下，出现了几个标志性事件，一个标志性事件就是我们讲到的第二届全国考古学会年会在武汉展开，它的主题就是楚文化研究，同时还有四省楚文化研究会成立了，同时在世界性的范围内，对楚文化楚文物的研究也出现了高潮。在这样的背景之下，我们成立了楚文化研究会。

访谈者：那也就是说这也是一个时代的产物。

王副秘书长：对对对，可以想象当时楚文化热的一种程度，当时的学界都在研究这个东西，然后问题来了，湖北省内自己还没一个研究会，当时湖北省出土的楚文物、楚墓葬又是非常有代表性的，再加上当时楚国的都城包括春秋战国时期的都城很多都在湖北省境内，湖北省内有很多这方面的学者，加上大家也想有这样一个交流的平台，所以到1991年的时候才正式成立了当时的楚史研究会，后来改成了湖北省楚国历史文化学会。

很明显的是，楚文化研究会的建立和发展离不开地域性更广的湘鄂豫皖四省楚文化研究会的支持和影响。通过对上的这一资源，获得更多的信息、更大的平台，取得更好的交流效果。

再看工商行政管理学会。

访谈者：在外联这一块儿主要和哪些单位联系比较密切？

秘书长：我们最密切的就是总局的学会，他们现在名称都改了，不叫工商行政管理学会，叫中国市场监督管理学会。他们也办了杂志，并且他们的杂志还办得很好。他们不一样，他们有资源，杂志公开出版，很多大家、名家都在上面发文章，都是很厉害的，所以这一点上总局的学会和地方的工商管理学会还不一样。

访谈者：他为什么影响力这么大呢？

秘书长：因为他有公开出版物呀，我们不能办公开出版物，不然就可以想办法去跟他竞争。

访谈者：你们有没有想过把你们的这个杂志变成公开的呢？

秘书长：不能的，这个是有要求的，就是省一级的社团组织不能办公开出版物，这是明文规定的。如果你是真正的那种社会团体，不是靠行政机关拨款的话，那你可以搞，但是作为行业协会的话，按照新闻出版方面的管理规定，省一级的行政机关是不能办公开出版物的。我们办的那个东西叫内部资料，免费赠阅，有个《内部资料性出版物管理办法》，你必须在显著的位置载明你是内部资料，免费赠阅。

访谈者：那这个主要是在工商系统内部里面免费赠阅？

秘书长：也有送给有关部门的。

访谈者：总局的学会和总局的关系很密切是吧？主要是哪方面的呢？

秘书长：这个密切主要是工作上的往来关系，总局的学会也经常办一些培训班，组织一些外出调查之类的，所以他虽然是一个社团，但实际上也和我们相当于一种上下级的关系。本来社团和社团之间没有上下级关系，但是他是依附于国家局的，我们是依附于省局的，国家局和我们省局是上下级的关系，所以它和我们也不是领导与被领导的关系，而是指导与被指导的关系。我们的人财物他们管不了，他们在业务上对我们进行指导。总局的学会每年会发一个工作要点，告诉我们要干些什么事儿，他们出的调研课题也鼓励我们去做，甚至分子课题给我们做，当然我们这个说是叫课题，但不能和高校比。

从社团的外部管理方面而言，社团既受主管部门的业务指导又受登记部门的监督管理，这种“双重管理”体制虽对社团的活动具有一定的规范和约束作用，但从实际执行情况来看也存在不少问题：一方面管理部门对社团管理工作的协调与信息沟通不及时或者各自为政，难以形成工作合力；另一方面，现行管理机构的日常工作任务较为繁重，除了对社团进行管理外还有其他大量职责，往往顾此失彼，因此对社团的监管存在有心无力的情况。就湖北省来说，作为登记机关的湖北省民政部门，专业管理人员只有数十个，在登记管理和年检方面的人力投入远远不足；而作为业务主管单位的湖北省社科联，也是苦于人少事多，社团形式多样，类型复杂，不可能全面掌握所有社团的发展动向，满足所有社团的发展需求。

三、僵尸社团：没钱的困境

充裕的活动经费是社团良好运行的必要条件，从表面上看，社团获取活动经费的途径有很多种，例如财政拨款、服务性收入、会费以及社会资助等。但目前，湖北省社科类社团活动经费的来源主要有三种渠道：一是政府拨款；二是会员缴纳的会费；三是社会捐助。但政府拨款在各级政府的财政预算里只占极小的比例，实际拨付给社团的活动经费相当有限，而社会捐助在社团的活动经费里也只占极小比例，这就造成各级社团的活动经费普遍缺乏，而政府的财政扶持力度并没有进一步加大的迹象，这就给部分社团的活动开展带来一定的困难。

调查显示，从日常办公经费来源类型看，单一性仍较为突出。不同于以往依赖政府生存的智库型模式，从调查来看，以政府拨款占主体的日常管理经费筹资模式仅占 8.6%，而大部分的社科类社团是以自筹经费为主（71.4%），面向市场的自收自支模式是主体。其他筹资模式，诸如企业赞助、慈善资助等占比非常少。

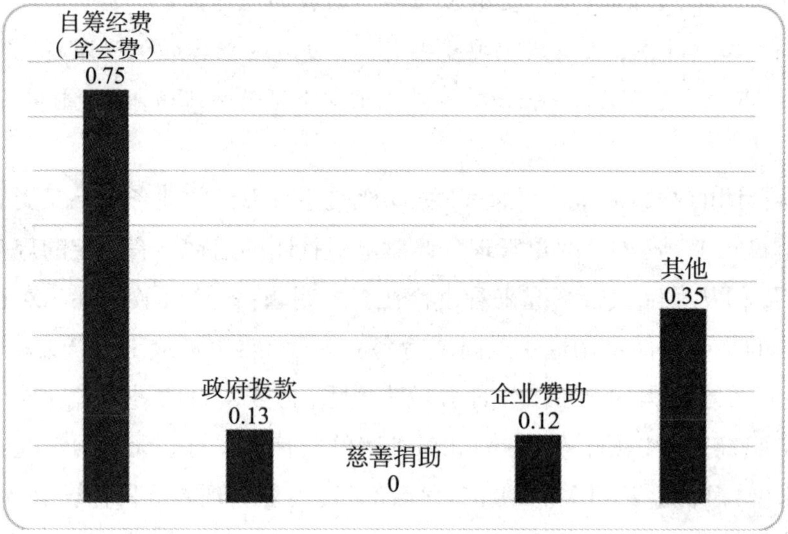

图 4　日常办公经费来源

不仅日常办公经费来源较单一，在规模上也难以满足。调查显示，大部分社科类社团的日常办公经费不充分（47.06%），其中 17.65% 认为略不够用，29.41% 则认为完全不够用，还有部分社团仅能够基本维持（41.18%）。经费问题成为制约社科类社团发展的巨大障碍之一。一些基础学科、人文学科的学会依靠会长、副会长的个人影响取得一些资助。学会负责人一方面要规划学会的学术活动，一方面还要用更多的时间和精心筹措活动经费，常常有心无力。

表 25　日常办公经费充分性

	频率	百分比（%）
完全够用	6	11.76
基本够用	21	41.18
略不够用	9	17.65
完全不够用	15	29.41
合计	51	100

在社科类社团运营方面，同样以自收自支的筹资方式为主。调查显示，在社团学术会议方面，需要自筹经费的占到82.4%，能够获得政府或企业赞助、拨款仅占少数（9.8%、11.8%）。许多学会依靠挂靠单位的临时资助每年勉强召开一次学术讨论会，而随着政社分开，政府机关经费缩减和有关财务规定，这种资助也越来越困难。与政府资助不同，政府购买体现了政府职能下放，通过购买的形式，将部分权力让渡给社会组织，实现资源的有效配置和效率的提升，实现政府与社会的资源协同与统筹，是社会治理理念下的新型共生机制。从目前情况看，政府购买仍未成为主流，社科类社团在承接政府职能参与社会治理方面仍有较大空间。

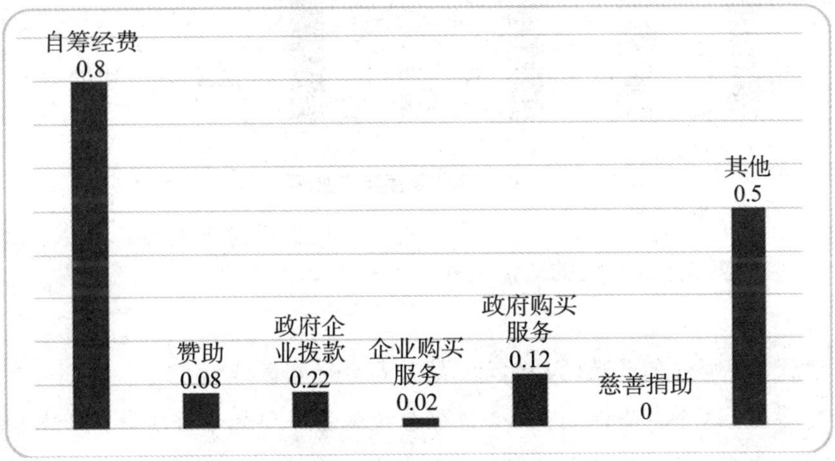

图 5　会议经费来源

从发布课题的经费来源来看，社科类社团难以获得社会各界设立的研究课题与研究经费。事实上，各省的学术资源配置目前主要存在着两种形式，一是行政配置，许多行政单位（包括政府、机关、高校、事业单位等）通过委托、评议等方式开展课题研究；二是市场配置，一些企业和科研单位面向社会开展课题招标活动。社科类社团既难以列入行政性课题配置计划，又缺乏有效的组织形式参与课题的市场竞争，这一状况长期发展，凸显出社团地位的日益边缘化。根据调查显示，各社团基本上以自筹经费为主（72%），社科类社团是否发布课题以及发布课题数量往往取决于该社团自身的筹资能力。在这样的状况下，能够发布课题、开展合作研究的社科类社团十分有限（28.3%），大部分社团经费仅够维持社团日常运作。以企业购买或政府购买的这种准市场化形式进行社团运营，强化社团发展力量仍十分有限。

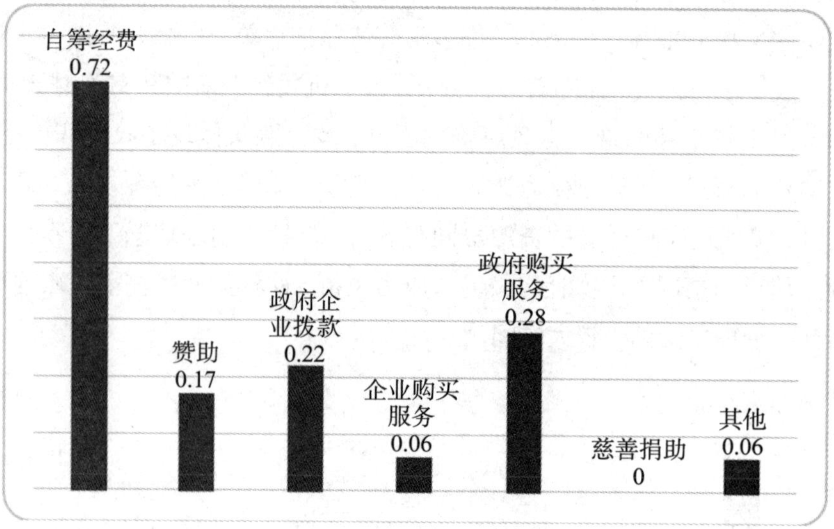

图 6　发布课题经费来源

以对三国文化研究会的访谈为例。

访谈者：那你们开展活动的话，经费怎么得到保证呢？

X 博士：这个得有课题，比如说领导确认了课题就会给经费，社科基金课题也会给经费，社科联基金的话也会给经费。

访谈者：那办公经费有吗？

X 博士：没有另外固定的经费，这个也是以后要解决的问题，像我们这种学会的日常经费应该有一定的保障，否则在自主开展活动的时候就很困难，不利于独立自主的开展活动，导致我们现在需要依靠各种外援来开展活动：

调研以课题项目的形式，研讨会以合作的形式，和企业家合作，因为你没有经费来源，没有任何拨款，经费没有保障。

访谈者：我们的会员会交一些会员费吗？

X博士：没有，我们的会员中搞学术的人多一些，本来钱就不多。

由于社会科学学科成长的固有特点，使马列、科社、辩证唯物主义、历史唯物主义、历史、文化、教育、文学等一大批基础科学类和人文科学类的学会面临着获取资源手段更少，转换活动方式更难，因而无所适从的尴尬局面。

楚文化研究会的情况如下。

访谈者：那么像这些活动得到了哪方面的支持或者哪方面的重视比较多？比如说编撰大型的系列丛书有没有得到有关部门和领导的支持呢？

Z秘书长：支持是一定有的，楚文化也是湖北省一个响亮的文化品牌，肯定是有一定的支持的，但是基本上都是隐形的支持，比如说口头上的支持，真金白银的支持还是比较少。我们基本上是学者自发的行为，比如说科研、讲座都是会员都是自身的行为。专门的给学会下达一定的任务，给予学会一定的资助目前还没有，横向和纵向的支持还没有，这也是困扰学会发展的一个因素。

访谈者：也就是说学会是靠自己在运作。

W副秘书长：是的，主要是个人的努力。我们学会的经费来源主要是会员的会费，上面会有小额的资助，但是没有多少。

还有一些民办的社科类社团，在经费筹集上更加困难，说起来都是“一把辛酸泪”：[1]

研究所最初的注册资金只有3万块钱，是我跟另外两位副所长一人出了一万元去民政部门注册的。研究所最初成立的那两年，因为没有什么资源，所以一直从我个人的工资里面每年拿出一部分来支撑研究所的运作，相当于我个人对研究所的贴补，五年内贴补了研究所6万元钱，总共亏了8万元。

[1] 新民教育研究院的访谈。

那会我们完全像是在河里面挣扎一样的，不知道深浅，不知道前面路怎样。后来我们开始承办一些政府主办的全省性会议，政府给了一部分资金。第六年的时候，与一家教育基金会合作，人家给我们资助了一部分钱，这时我们在资金上稍微有了一些回收，开始可以做更多的事了。日后又通过与一些学校建立合作关系，获得了一些信任，学校开始给我们投入一些资金，支持我们去做一些事情。当然最开始我们也是免费地给他们提供教育咨询，做调研报告，之后他们才肯给我们出钱，支持我们做事。这样一来我们也算是从河中摸索上了岸，看到了一点希望。这两年随着影响力的扩大，更多的学校与我们建立合作关系，给我们一些资助，研究所已经基本可以实现收支平衡，不再负债运营了，但是距离我们的目标还很远。我相信，今后研究所资金运转会越来越畅通，我们也会在此基础上做更多公益性的事情。

没有经费的保障与支持，有的社科类社团成为“僵尸社团”，基本不开展活动或者很长时间才能开展活动，还有的社团干脆就被注销或自我销声匿迹了。

以下是对楚文化研究会的访谈。

访谈者：这可能也是一个普遍的现象，在文化热潮过后，抓经济建设的过程当中，没有得到过去的一些支持，就很难有能力再发展。

L副秘书长：这跟体制转化有关，在计划经济时代，相对比较好，但是到了20世纪90年代，高校也好，研究机关也好，都面临着极大的困难，就是包括湖北省考古学会也是因为在90年代长期无法开会，最后被注销了。

访谈者：被注销了？

L副秘书长：对，湖北省考古学会被注销了。他们可以说是比较有实力的学会，最后还是被注销了，等到他们缓过劲来的时候，重新建立又比较困难的了。

访谈者：那到现在还没有省考古学会吗？

L副秘书长：没有，现在只有省博物馆学会。因为你连续几次不搞年检的话就会被注销。

从社会团体的变化看，政社分开后，学术资源配置方式从计划配置转换为市场配置，学会的生存与发展被推到了从政府选择到社会选择的风口浪尖，这使相当一部分学会在如何获取学术资源以及如何转变思想观念和活动方式方面，面临着适者生存、不适者淘汰的严峻挑战。

四、游离状态下的人员

健全的人员配备是一个组织良好运转的必要条件，一般而言，良好的人员配备不仅包括工作人员数量上的充实，也包括人员的规范化管理和真正的专业化服务。从实际运作看，湖北省社科类社团的工作人员配备较为薄弱，真正配备专职工作人员的社团数量并不多。挂靠在高校和科研院所的社团才能有专职人员负责处理社团的日常事务和对外联系，其他大多数社团的工作人员都是临时聘用的，普遍缺乏从事该项工作的专业技能，且彼此间的工作分工并不明确，有时甚至出现相互推卸工作的情况。有些社团的管理人员中，缺乏高学历的人才，这对社团的发展也将产生不利影响。同时，某些社团即使配备了专职工作人员，也存在配备数量不足的问题。如某些社团专职工作人员只有几个人，这与社团日常工作量严重不成比例，以致影响社团工作的正常开展。

调查发现，大部分社科类社团有日常管理人员（90.1%），但大部分人数不足，以 1 ～ 5 人为主，占 73.1%。且专职日常管理人员不足，大部分社科类社团没有专职日常管理人员（53.8%），需要依靠兼职人员来进行管理，部分社团甚至没有日常管理人员。

表 26 湖北省社科类社团日常管理人员状况

	日常管理人员人数		专职日常管理人员人数		兼职日常管理人员人数	
	频率	百分比（%）	频率	百分比（%）	频率	百分比（%）
0	1	1.9	28	53.8	23	44.2
1 ～ 5 人	38	73.1	17	32.7	24	46.2
6 ～ 10 人	10	19.2	7	13.5	3	5.8
10 人以上	3	5.8	0	0	2	3.8
合计	52	100	52	100	52	100

与社科类社团人力资源不足相伴随的是，办公条件方面的匮乏。26.9%的社科类社团缺乏自有办公场所，需要借用 / 租用办公场所 73.1%。调查发现，大部分社团借用业务主管部门办公场所或会员单位办公场所，在硬件条件上缺乏保障。

表 27　湖北省社科类社团办公状况

办公场所类型	频率	百分比（%）
本会自有	14	26.9
借用 / 租用	38	73.1
合计	52	100

以对三国文化研究会的访谈为例。

H 老师：三国文化研究会现在的会长是我们的刘副院长，夏老师是秘书长，具体的事情说实话都是我自己一个人在做，因为这种学术社团一般都挂靠在学术单位，或者是高校，或者是科研机构，像我们所就挂靠了两个，一个是三国文化研究会，还有一个楚国历史文化研究会。这种学术社团的工作我们一般都是兼职在做，也就是您刚才和夏老师谈到的，都是无偿奉献自己的业余时间，甚至自己还要出钱，因为没有经费，所以平时的日常开支都没有办法处理。

访谈者：那您是不是还在其他的地方挂职？

H 老师：在楚文化所，我本职工作是在楚文化所，然后这个社团是挂靠在我们楚文化所的。

访谈者：楚文化所不是一个社团是吧？

H 老师：楚文化所就像是高校当中的历史文化学院之类的，是社科院办的一个独立的机构。像华科、武大有很多社团都挂靠在我们所，并且这种社团主要就是组织学术讨论会来发挥作用。一般组织学术研讨会，我们就会跟下面对接，例如我们和荆州、保康都共同举行过学术研讨会，那么这个对接就是下面会安排人来跟我们进行对接，我就是负责给我们的会员发邀请函，负责组织论文，编排论文，出论文集，就是这一系列的流程，我负责的主要就是两大块，一个是日常的流程，一个就是组织学术研讨会。

访谈者：那除了刚才夏老师说到的这个日常经费这个问题的话，您个人觉得还有哪些需要支持和完善的地方？

H老师：一个就是夏老师刚说的经费问题，还有一个就是人员配备问题。我们这么大一个研究会，具体的事情也只是我一个人在做，因为我还有我自己的事情，我还有我自己的专业，有的时候就是自顾不暇，可能在人员上面还要保证；然后再就是我们虽然有相应的交流，但是还是取决于领导的重视，而炎黄文化研究会就不一样，他们有自己专项的资金。

与工作人员的游离状态伴随的是，社团的研究人员的研究氛围和研究质量亟须改善。人文社会科学需要一个活跃而流动的研究氛围，需要研究者的理论思考和实践践行。但是我们大部分社团的研究者被圈在大学和研究机构的深宅大院里，不了解社会实际运行情况，没有参与实践的机会。不少研究人员还习惯于个体劳动方式，研究方法和研究手段陈旧。这使一些研究者或者无法进入新领域，或者在原有研究领域难以创新，难以提高研究质量，在研究上表现为视野狭窄，难有大的建树，造成研究中的低效率和低水平。一位学者，如果他只了解理论，只了解历史，只了解书本，但不了解中国实际，那么他便难以写出对现实有巨大影响的著作。由于体制上的原因，从事社会科学研究的知识分子对社会实践的了解仅限于道听途说，缺乏切身感受。陆游说："纸上得来终觉浅，绝知此事在躬行。"说的就是一边做，一边思考钻研。研究是为了做，在做的过程中可以深化思考。在美国，许多政府官员是学者出身，在政府工作一段时间之后，又回到学校继续从事研究。有些学者一面从事教学研究，一面又在政府内担任顾问。在政府任内，实践并检验自己的理论，回到学校或研究机构后，又修正并深化自己的理论。理论和实践两条腿交互前进，互相促进。但是目前我国很多社会科学研究滞留在理论推论、假设演绎阶段，缺少系统观察、定量分析和现代科技条件下所能进行的实验考证。没有科学的研究方法和手段，就不会有更科学的研究成果。

总体来看，湖北省社科类社团的学术资源和学术人才匮乏是一个明显的短板。首先是能够代表国家学术水平、体现学术发展方向和学术特色的重点学科、优势学科、特色学科少。真正具备社会公认的学术带头人、发表对社会有重要影响的高水平学术成果的优长学科只有历史学会、语言学会、美学学会等，占社团总量的10%左右；具备深厚学术造诣的学术专家、发表在学界有重要影响的高水平学术成果的学科只有科学社会主义研究会、会计学会、教育学会等，占社团总量的15%。即使在上述几家社团中，也存在着只有少数学术带头人，没有形成合理年龄梯队，无能力举办国内外重要影响的学术活动，学术与人才资源整合效果不理想等现象。

而究其原因，不得不发现在社科类社团内部的管理文化的缺失，造成了凝聚力不强。深厚的组织文化是一个组织的灵魂，良好的组织文化能激发组织成员的使命感、归属感与责任感，是组织长期发展的不竭动力。然而，由于社科类社团成员的分散性以及其日常管理模式，或者是因为社团成员对社团内部文化建设的忽视，使得大部分社团都缺乏内部管理文化。社团凝聚力是指社团对每个成员的吸引力和向心力，以及社团成员之间相互依存、相互协调、相互团结的程度和力量。由于绝大部分社团的成员都是各个高校或者其他社会组织，彼此都有自己的所属单位，因此对社团便天然地缺乏一种依赖，也使社团无法对其成员进行强有力的约束，这便造成某些社团的部分成员思想行为自由涣散，对社团的工作开展及能力发展缺乏足够的关注与支持，造成社团的凝聚力、向心力较弱。

五、非正式的组织治理结构

作为一个社会组织，应该具有明确的组织结构和一定的管理幅度，需要根据组织的需求建立直线制、直线职能制、事业部制或者矩阵制的组织结构。但是在现实中，很多社团的组织结构是不清晰的，大多数属于典型的扁平式组织结构，上下级关系不是非常明确，事务繁多时则会出现交叉管理与跨层级管理，组织成员之间更多的是以相互合作的方式结合在一起，而不是非常明确的领导与被领导关系，管理的松散从某种程度上有助于团队成员积极性、创造性的发挥与管理成本的降低，但同时也加大了管理的难度，造成效率的低下。虽然绝大多数社科类组织都有自己的内部章程与规章制度，但许多社团没有按照自己订立的规章制度定期进行社团的管理工作。例如，某些社团不按时进行管理层的换届选举或者私自更换部分领导岗位的负责人而不经过会员大会；部分社团在变更办公地址、法人、会长、秘书长后，不及时向有关部门备案或及时办理变更登记手续；有些社团长期不召开会员大会。除此之外，部分社团的财务公开、会员管理、活动开展等方面也比较简化，容易造成管理的失序。

例如新民教育研究院在建立之初，是这样的组织结构：[1]

我们的这种组织结构从外部来看分工比较明确，其实在实际工作当中并没有完全按照这样的一个职能分工去运作，这跟我们的组织性质也有很大关系。我们的大部分负责人、研究员，包括我在内，基本上都是有主要职业的，所以大部分工作的设想、策划还是由我们这几个院长、副院长来做，其他人只是有活动、有邀请的时候再来参加。而具体执行起来就要根据大家的时间安排来定，我们平常的一些活动基本上也是阶段性的，大部分都是集中在一定时间段内。比如编辑部吧，一般我们的《学校文化》是一个月一期，这两年因为时间、资源、人员的限制改为双月刊，这样院内工作的时间就比较集中，大概就是杂志要出版前的半个月左右开始准备就可以了。在上一期杂志工作结束之后，我们会召集大家开个小型总结会，总结本期杂志的问题，也对下期杂志的主题及工作安排做计划。编辑部一般由我们固定的一个副院长来管理，编辑部的执行人员基本上是在我们研究院实习的一些大学生、研究生，他们根据本期的主题结合我们提供的关系资源来进行约稿、审稿、校对、排版等工作，最终具体栏目编排和定稿还是由那位副院长来确定。排版基本定了之后，还是由我们的执行人员去校对和改稿。最后的终稿由副院长敲定之后拿给总策划，也就是我来看一下，没问题就可以拿到印刷厂印刷了。印刷之后再由我们的大学生志愿者们到邮局进行寄送。所以，看起来我们设了编辑部、发行部，但在具体的操作过程中也就是那么一两个人在实际地做工作，而且这些人员是随时会变动的。所以，在我们研究院不管是处于什么位置的人，都是一样的，都要具体地去干活，我们之间更多的是一种合作关系，而没有什么硬性的约束，这使得我们的工作开展起来还是具有一定的灵活性的，大家也愿意创造性地发挥自己的一些特长及想法。但是也存在很多问题，比如我们的工作时常会没有保障，人员的不确定性与组织行为的无约束性往往造成管理上的空缺，造成工作拖延的现象，这也是我们工作组织一个大难题。

[1]　来自 2011 年 9 月 14 日对新民教育研究院院长的访谈资料。

同时，作为一个社团，会费是组织合法合理而且也是必需的经济来源，是一个社会组织需要进行常规管理的方面。但是在调查中我们发现，很多社团的会费收入意识淡薄，很多人认为“不好意思收”“收得很麻烦”，最重要的是，没有建立自己的对公账户，也就是没有发票，“没法收”。

W副秘书长：我们的会费这块的话，虽然要收费，但是收上来比较麻烦，所以在财务这块也没怎么体现。说实话，会费也没怎么收。

访谈者：一般会费是多少呢？

W副秘书长：这个我不是很清楚，因为从我2014年接手，还没有收过会费。因为会员分在不同的地方，专门为了这种小额的会费收取，收了时候还要给他们开发票，这个太麻烦了。

访谈者：你们有发票吗？

W副秘书长：没有。上次开会的时候社科联还说所有学会财务要做起来，财务这块要有个会计，去外面找个专门的注册会计师来把财务管起来，有了正规的财务管理才能有资格承接政府发包的项目，你没有正规的财务管理，承包资格都没有。这一整套手续走下来的话，你第一关就没过，因为你请个专门的注册会计给你做财务的话是很麻烦的，是需要一定的支出的，但是我们没有这个专门的经费。

社团的经费来源，其实很重要的是会员的会费。但是很多社团认为，“专门为了这种小额的会费收取，收了时候还要给他们开发票，这个就太麻烦了”。也就是说，社团认为小额的会费解决不了大问题，收还不如不收，同时社团自身的组织制度有一个障碍，就是“要开发票”，开发票意味着要有专门的会计做账，要是独立的法人机构，要有完备的财务管理制度，这是作为一个规范性社会组织所应具备的条件，但对很多社科类社团来说实现不了。因为没有钱，所以没有钱聘请会计，没有会计就不能开票，不能开票就不能接更多的活，人家就不敢把钱给过来购买服务，因此，陷入了一个恶性循环。

同时，作为一个正式的社会组织所需要具备的法人身份和规范性条件，很多机构的负责人并没有这样的意识和观念，往往会造成对社会发展反应的滞后，例如，政府购买项目来了，但是“我们还没有准备好”。

访谈者：也就是说一直以来你们有没有承担过政府的一些项目？

W副秘书长：承接政府项目是在去年才提到有这么一个事情，而且去年才开会跟我们说有，才开始准备政府采购服务。去年年底的时候跟我们开了一个会，才告诉我们有这么回事，现在还没有哪一家学会拿到了这个项目。

访谈者：将来可能是个走向哟。

W副秘书长：有些领域，比如说经济类、医疗、社会调查，比如说像你们这样的可能会有，至于文化类的暂时我们还没看到。

访谈者：如果万一有文化这一块基金找到项目给你们做了，那你们怎么对接呢？

W副秘书长：现在怎么说呢，我们还在准备中。看他们到时候需要我们做什么前期的准备，我们再做。暂时我们还没有专门的经费和准备，因为现在还没看到项目。

访谈者：那以后多元化发展的话，需要按照国家的规定来转型，财务独立，还要社团的认证，等级评估。其实要做起来也不是很难，比如说能够申请到一个独立的账户，有个对公的账户，你就可以开展独立运作，你平常没有财务收支也可以，不需要做很细的账，按照民办非企业单位组织的规定的话，你这个账务管理比企业公司要简单得多，也不需要你每个月要开支多少，有的时候你就请一个专门的会计做一下这个事情，几百块钱就搞定了，不是你想象的那么难。但是这个转型一定要做的，为什么呢，就是将来你们要生存要发展的话，需要募资，需要多方面的经济来源，需要养活学会，或者说政府或者其他部门找到你这里来了，你要有这个资格来承接是吧。

W副秘书长：这还是很有难度的，当时省民政厅、社科联组织开会的时候就有好多基本要求，要求有专门的办公场所，我们到哪儿去找专门的办公场所？我们现在的办公场所是挂靠在楚化所这边的。那要是专门有人过来评估，要有专门的办公场所、专门的办公人员，没有的话就减分，那到时候分就减光了，评级怎么评呢，这也是个问题。至于财务，也许找个财务不那么难，但是还有一些其他的基本要求，作为一个社团组织在没有任何进项的前提下，要达到这些要求是很难的，除非再额外注资进来。

通过以上分析可以发现，大部分社团在人员配备、硬件保障、经费支持上均存在较大不足，难以保障社团的持续发展。专职人员不足，缺乏必要人员管理日常事务，甚至大部分社团仅能依靠兼职人员维持社团的运转，在本职工作之外兼职社团事务，给工作人员带来极大挑战和压力，也限制了社团社会功能的发挥，在活动组织、课题展开、社会服务方面都难以有效应对。同时，大部分社团缺乏必要的办公条件，甚至无自身办公场所，在硬件设施上难以满足社团发展的基本要求。更大的问题来自经费的保障。不管是办公经费、课题研究经费还是活动开展经费，均不能有效保障。目前大部分社团自收自支，缺乏有效外部资金保障，给社团发展带来极大不稳定性。虽然政府购买服务模式不断推广，政府职能下放，为社团发展提供了契机。但从目前状况看，政府购买社科类社团服务的情况较少，就是有购买服务的意向和机会，社团的条件和能力也难以接招，在这方面社科类社团仍处于边缘和弱势。

六、服务功能的衰微

社科类社团普遍存在学术会议频次少，规模小，参与人员单一，影响力不足的问题。在实际运作中，只有一些挂靠在高校和科研机构的理论类社团具备高水平的研究能力，这些社团普遍积极承办或参加省社科联主办的社科学术年会、社科普及周、社科专家话地方文化名片、课题立项等大型学术活动，较好地把握了学术活动的政治导向和学术导向，积极增强社会组织的活动影响力，占据社科界理论高地。同时能提供优质的学术成果，善于利用自身的资源优势，把相关领域的专家学者召集起来，开展学术交流座谈会，还能与国内外学者保持联系，探讨学术问题，从而促进自身学术能力的提升，充分发挥自身的智库作用。而部分挂靠在党政机关的社团或者规模较小、研究领域较为冷门的社科类社团，虽然也能开展一些学术交流讨论会，但次数较少且缺乏学术水准，学术水平普遍不高。

表 28　学术会议召开频次（每年）

	频率	百分比（%）
0	2	3.8
0～1 次	9	17.3
1 次	19	36.5

续表

	频率	百分比（%）
1～2次	15	28.8
2次以上	7	13.4
合计	52	100

一般来看，会议规模维持在中小规模水平（50～100人，占62%），参会人员也以会员为主，限于学会内部的交流讨论，且往往与会员大会、理事会等合并召开。

表29　学术会议规模

	频率	百分比（%）
50人以下	7	14.0
50～100人	31	62.0
101～200人	9	18.0
200人以上	3	6.0
合计	50	100.0

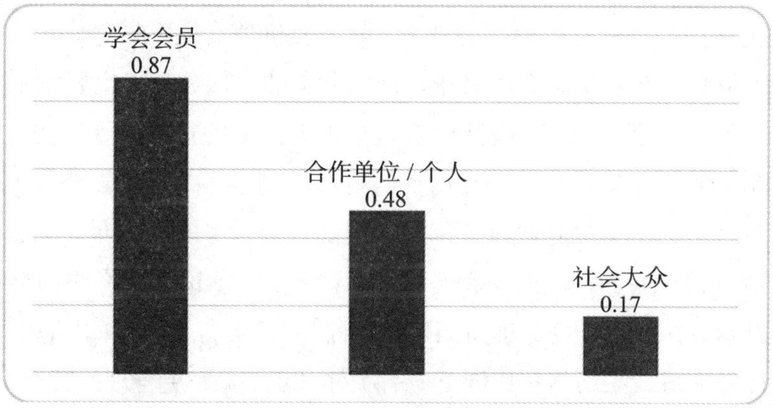

图7　参会人员类型

带来的主要问题是：

一是基础理论研究与应用研究相互脱节。绝大部分的社团注重对策型、解释型研究，忽视基础理论研究，这使得社团的研究能力缺乏深厚的理论基础。基础理论研究和应用研究两者的关系是辩证的，基础理论研究是基础，脱离它，应用研究就会成为无源之水、无本之木；反之，基础理论研究就会成为“纸上谈兵”“好听不好用”。由于历史的原因，我国传统教育体制和学科设置存在缺陷，社科研究人员本身就存在先天不足，学基础理论的，不懂经济工作的较多，而搞应用研究经济研究的人又有不少系实际工作者改行而来，实践经验丰富但理论基础较弱。这样，搞基础理论研究的注重理论研究，搞应用研究的注重搞应用研究，两者缺乏足够的沟通和结合。基础理论研究和应用研究的相互脱节影响研究的水平和成果的质量。

二是社会服务意识不足。在面向社会宣传文化、传播知识、服务公民方面非常欠缺。只有有限的社团以讲座、开展培训、组织社会活动的形式提供了少量社会服务，大部分社团在这一方面未有涉及。部分社团在成立后长期不开展活动，成为“僵尸社团”；某些社团不思进取，满足现状，社团建设工作长期停滞；少数社团长期不更换“新鲜血液”，使社团显得暮气沉沉。部分社团组织规模小、经济实力弱，自身的服务功能、创新能力受到限制，使得自身活力欠缺。“行政化”的管理体制也使得社团日常运作多少显得迟钝，缺乏灵活性。

三是社会科学研究成果缺乏新型合理的与政府、社会和市场之间的有效的交换机制。凡是有社会分工的地方，就需要价值交换，在交换中实现各自的社会价值。社会科学研究成果作为社会分工的一部分显然也要发生价值交换。但在计划管理体制下，这种交换是在自上而下的行政指令下完成的，如同该体制下的产品交换一样。在传统的科研体制下，社会科学研究社团及其工作者只是习惯于完成党政有关部门布置的科研任务和工作量，缺乏对成果应用价值及其具备的社会效益和经济效益的认识，不论是政府或社会科学社团本身都觉得执行这种任务理所当然，因而，对社会科学成果的实际运用、运用结果以及完成成果所需费用缺乏应有关注和更有效、更合理的管理安排。

在社会协调发展的体制下，社会科学研究社团的社会角色和社会位置发生了新的变化，同政府、企业、社会的关系也发生了一系列变化，社会科学研究的成果需要一种全新的交换机制来完成其价值交换过程。这一机制，既能准确灵敏地反映社会的外在需求，又能促发社会科学研究的内在动力，及时提供有价值的科研成果，从而在交换过程中实现科研成果向社会效益和经济效益的及时转化，实现相对的供需平衡。尽管数年来我们在科研管理体制上进行了一系列改革，诸如设立社科基金，实行课题招标，鼓励开发应用研究等，在一定程度上推进了体制转换，但和市场经济相配套的新的交换机制并未建立，职称评定、科研成果评价体系、科研成果转化应用机制、人事管理等体制问题并未彻底解决。供需的矛盾和脱节似不可避免：一方面文章论著层出不穷，可谓成果累累；另一方面真正能够被社会吸收应用的成果却不太多。实践的超前和理论的滞后，经常使实践者付出沉重代价，使理论者变成“事后诸葛”。

四是智库作用尚未凸显。为政府决策提供智力支持是社科类社团的重要社会功能之一。著名学者朱光磊曾经指出：“发展社会科学事业是建设中国特色新型智库的重要条件。因为智库工作主要依托社会科学的知识体系和研究方法展开，离开社会科学的健康发展，高水平智库建设就无法实现。为了更好发挥社会科学对智库建设的支撑作用，应深入研究我国社会科学发展规律以及如何实现社会科学发展与智库建设有机结合。”但从调查情况看，这一功能发挥十分有限。

社科类社团仍以内部活动为主，学术成果以内部交流为主，缺乏与政府部门的必要交流，在将研究成果转化为社会政策方面十分欠缺。仅有少量的研究成果能够以政府咨询报告的形式呈现，对于政府决策起到的作用有限。

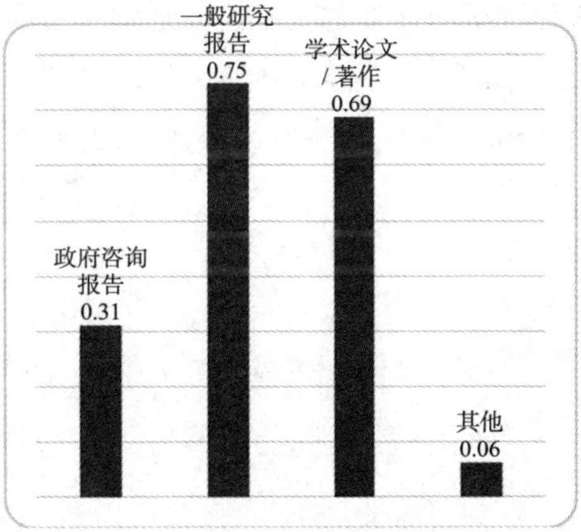

图 8　发布课题科研成果转化形式

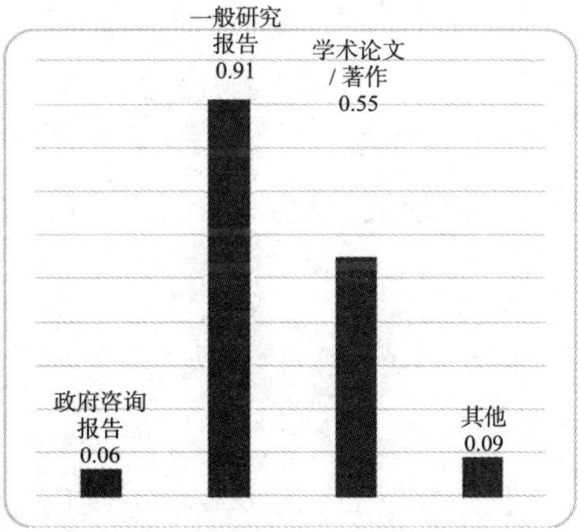

图 9　承担课题科研成果转化形式

通过学术成果转化、智库支持为政府部门建言献策，提供政策咨询，是社科类社团社会功能发挥领域的有效渠道。从实践效果看，学术成果的转化率不是很高，能够形成政府咨询报告甚至进入政府决策讨论的成果少，大部分还是以一般研究报告的形式作为课题总结成果呈现，应用到实际决策中的较少。

因此，大部分社科类社团认为自身在政策咨询方面的作用并不突出，其中仅有32%认为在这一方面作用较大；而超过六成认为作用有限（较小20%，一般42%），还有6%不清楚自身在政府政策咨询中能够发挥多大作用。可以看出，政策支持功能是社科类社团必要但薄弱的环节。

表30　社科类社团在政府政策咨询方面作用

	频率	百分比（%）
较小	10	20.0
一般	21	42.0
较大	14	28.0
很大	2	4.0
不清楚	3	6.0
合计	50	100.0

相比较而言，美国智库相当发达，有2000多个从事政策研究与分析的组织，著名的有兰德公司、霍布金斯学会、卡内基国际和平基金会和洛克菲勒基金会等。中国社会的发展同样离不开社会科学工作者的贡献。要促进社会有序健康发展，必须重视社科类社团的辅助作用，有效运用社科类社团的人才资源、学术资源，切实发挥出社科类社团的规模优势，借助社会科学研究成果，引导国家建设、社会发展。

第七章　社科类社团的国内外比较

一、不同国家社科类社团建立的原因与模式

国外社科类社团的历史发展较早，经过较长时间的历史发育，社科类社团的发展模式已经相对成熟和完善，学习他们的先进经验对我国社科类社团的发展具有十分重要的意义。国外的社科类社团的诞生可以追溯到古希腊、古罗马，但现代意义上的社科类社团组织的发展壮大，大都是在资产阶级革命兴起以后。发展状况较好的国家也都是一些发达国家，例如美国、法国和日本等。

（一）国外社科类社团的历史发展

1. 美国

美国是一个移民国家，社科类社团的发展历史较短，早期社科类社团的雏形只是殖民国家传播基督教义和宗教哲学思想形成的活动团体[1]，直到18世纪上半叶，一些社科领域的学院、学会才相继建立。富兰克林于1743年建立美国最早的社科类社团——美国哲学会，自此以后，美国现代意义上的社科类社团才不断发展。美国社科社团组织的初始发展期从独立战争时期开始，一直到20世纪40年代。这一时期伴随着现代民族国家的独立和崛起，及资产阶级平等、自由等思想观念的传播，一些教授和学者便组织起来，通过学会

[1]　裴长洪：《美国人文社会科学现状与发展》，社会科学文献出版社2001年版。

和协会等团体的形式来宣传自己的研究和价值观念，这一时期比较重要的学会有美国东方学会、美国人类学会等。值得注意的是，这一时期民间开始出现独立的基金会来资助社会科学研究，这也成为美国社科类社团发展的一大特色，如卡内基国际和平基金会、洛克菲勒基金会。

“二战”以后，一直到20世纪70年代，美国社科类社团进入了快速发展期。战后重建社会秩序乃至对外军事扩张的需要，经济发展、自然科学技术进步所带来的社会失序和价值混乱等问题，都成为社科类社团发展的外在动力。国家和社会也逐步意识到社科类社团在解决上述问题的优势，不断地加大经费投入，除了政府投入资金建立官方的社科类社团以外，民间社会也以私人基金会的形式建立了大量的非官方的社科类社团。政府对社科类社团的发展也持一种相对宽松的政策，社科类社团的准入门槛较低，发展自由，这就导致了社科类社团的大量诞生。

这一时期比较著名的有美国犯罪学学会、激进政治经济学联合会、亚洲研究协会等。

20世纪70年代到21世纪初，美国社科类社团进入繁荣鼎盛期。这一时期美国社科类社团发展面临的内外环境都发生了巨大变化。在国际方面，冷战的开启、第三世界国家的民族独立和解放运动、一些新兴资本主义国家的崛起等都需要美国面对风云变幻的国际局势做出符合本国利益的战略布局。在国内方面，经济的持续增长、技术的革新进步和公民权利意识、自主意识的增强，使得美国社会日益分裂，社会问题更加复杂，社会整合难度增加。面对前所未有的社会问题和复杂的全球利益格局，美国管理社会、建立全球秩序的难度加大，需要更加专业的知识，这一时期比较有代表性的社团组织有国家政策中心、第三世界发展与政策研究促进协会等。

进入21世纪后，美国社科类社团发展进入调整期。这一时期伴随着冷战的结束、大国关系的平缓、国内秩序的相对稳定，国家经费投入开始下滑，并且，社科类社团研究的市场化趋向和研究结果的解释力不足也进一步瓦解了其自身的公信力，社科类社团的发展平缓。但随着一些重大政治事件的发生，经济波动、金融危机等内在矛盾的爆发，乃至中国等一些发展中国家的快速发展等都成为美国社团类组织研究的热点和持续发展的动力，并在研究问题和方向上发生转变。例如2006年2月美国国家科学基金会发布了《美国的严峻挑战》报告书。2007 年 8 月，美国参议院通过了《美国竞争法》，从法律的角度提出了为维持 21 世纪美国在世界上的领导地位需要做的事项，要求政府加大教育投资，保证人才建设的要求，建议政府加大对国家科学基金会的投资，以保证美国在国际上的竞争力。[1]

2. 法国

法国是一个酷爱哲学思考和学术讨论的国家，其社科类社团出现的时间较早，早在 16 世纪，大学、研究机构的场所就经常有一些学术讨论和思想争鸣，这是法国早期社科类社团的雏形[2]。法国社科类社团的起步发展阶段是在法国大革命到第二次世界大战期间。在这一时期工业革命的发展和社会的转型带来了大量的社会问题，对这些社会问题的研究成为社科类社团发展的动力，也为社科类社团提供了肥沃的研究土壤，法国社会各界自下而上的展开了大量的研究，这一时期比较有代表性的社科类社团是在法国巴黎成立了伦理和政治科学学院，这是欧洲第一个专门研究伦理学和政治学的组织机构。此外，政府还专门设置管理机构——国家科研中心来管理各类社科类社团。国家科研中心是政府设立的国家级科学研究、管理与协调机构，其下设的人文社会科学部在指导管理和协调全国人文社会科学发展、规划建立并领导全国各地的社科类社会组织方面发挥着极其重要的作用[3]。

第二次世界大战至 20 世纪 70 年代中期是法国社科类社团的繁荣鼎盛期。法国社科类社团的发展在“二战”期间暂时中断，但是在战后很快得到恢复。由于战后经济发展和社会秩序恢复的需要，特别是国家、企业在制定经济发展计划和管理方面的强烈需求，进一步增加了政府、企业资助社科类组织研究和发展的力度，社科类社团不断发展。至 60 年代末，仅社会学、经济学和心理学三个学科的社会组织数量和研究人员数量就令世界瞩目，社会学有 13 个研究中心和 230 多名研究人员[4]。并且，这一时期社科类组织的研究团队和研究方式呈现出跨学科和跨领域的趋向，国际学术交流也不断增强。

这一时期代表性的社团组织主要有政治科学学会、经济科学协会、法国

---

[1] 何培忠:《21 世纪初期国外社会科学发展政策概述》,《社会科学管理与评论》2011 年第 2 期，第 86 ～ 94 页。

[2][3][4] 丁玉灵、江小平、周志宽等:《法国人文社会科学现状与发展》，中国社会科学出版社 1999 年版。

应用人文科学发展协会等，国际社科团体包括国际社会科学理事会、国际社会学学会、国际比较法学会等。还有 52 个国际社会科学学术团体总部设在巴黎，占国际社会科学学术团体总数的五分之一，法国也因此成为国际社会科学学术交流中心[1]。

20 世纪 70 年代中后期到 21 世纪是法国社科类社团的调整期。与美国不同，法国进入 70 年代以后，社科类社团发展缓慢。随着前期学科建设和社团组织的发展完善，社科类社团呈现出一定的饱和状态，经济的稳定发展、社会福利制度的不断健全使得社会需求和公众的兴趣也发生一定的变化，但总体上，法国社科类社团的建立发展仍然紧跟社会发展的诉求，并继续发挥其在国际社科领域上的影响力。

3. 日本

日本社科类社团的发展开启于明治维新时期，深受国家变法图强的影响。日本在西方资本主义工业文明冲击下，自上而下地掀起了向西方先进文明和技术学习的现代化改革运动。日本在教育、人才培养、自然科学和社会科学等方面师法欧美，十分重视教育和科研能力的发展，也十分重视研究机构和智囊组织的发展，为此，日本效仿欧美等国建立起大量的社科类研究机构和社团组织。日本最早的社科类社团组织包括日本商工会议所、哲学会、日本图书馆协会等。

从第二次世界大战到 20 世纪七八十年代是日本社科类团体的繁荣发展期。“二战”期间，受日本政府军国主义的影响，社科类社团一度成为政府推行侵略政策的研究阵地和意识形态阵地。社科类社团深受政府的影响和控制。这一时期主要有日本犯罪学会、语言教育研究所、日本民族学会、东洋文化研究所等。“二战”后，日本社科类社团重新得到发展，并成为日本历史上社科类社团数量最多的时期，日本的社会科学学会也绝大部分是在第二次世界大战以后发展起来的。至 20 世纪 60 年代末，日本重要的社科类社团已达到 458 个[2]。在这一时期，日本社会秩序的恢复、社会自主空间的增长、经济实力的增强和政府投入的增多，为社科类社团的发展提供了良好的物质基础和

[1] 张本森:《美、英、法、日等国家社会科学学术团体发展情况》,《探索》1989 年第 3 期，第 63 ～ 66、80 页。

[2] 王兴成、秦麟:《国外社会科学政策研究》，社会科学文献出版社 1993 年版。

社会基础；并且战后社会思潮和价值的混乱、本国文化传承与西方文化的冲突，以及对外邦交关系的重新建立，都成为日本社科类社团发展的动力，社会各界迫切需要社科领域的智识和理论指导。在这一时期代表性的社团有新日本学会、日本历史学会、比较文学、企业研究会、国际经济学会、犯罪心理学会等。

20世纪七八十年代至21世纪初，日本社科类社团进入调整期。不仅社团进行了一个自我调整，政府也进一步调整对社团的管理。在这一时期，日本已经变成工业强国，经济的高速发展带来的是社会需求的多样化和社会问题的复杂化，社会科学研究继续引起重视。面对复杂的社会问题和社会需求的转向，社团类社团研究的问题和领域也发生转变。国家对社科类社团的管理也进行了一些调整，对社会科学的经费支持力度放缓，但也相应地加大了民间社会力量的支持力度，特别是私人基金会的作用。此外，政府也进一步放宽对社科类社团的控制，允许其更为自由、自主的发展。由于前一阶段社团的快速发展，这一时期社科类社团的发展相对缓慢。同时，社科类社团进一步增强同国际间的学术交流，日本的社科类社团基本上都申请加入国际学术团体，参与世界上有较大影响的51个国际社会科学学术团体[1]。

21世纪以后，日本社科类社会团体进入重塑期。特别是2000年以后，日本经济社会发展所带来的深层次的矛盾和问题不断突显，新问题和新现象的出现，需要社会科学的研究和解释，日本政府鉴于前一阶段对人文社会科学研究的忽视，开始重新调整人文社会科学的发展和学科布局。2002年，日本文部科学省提出了“21世纪COE（center of excellence）计划”，对生命科学、人文科学和社会科学等各个专业领域的研究机构进行强有力的资助。该计划伊始，30所大学的46项人文科学研究项目成为资助对象，涉及哲学、伦理学、教育学、政策学、社会学、法学、管理学、经济学、国际关系学等学科，进入“21世纪COE计划”中的每个项目均可以获得5000万到5亿日元的政府资助，有力地推动了日本优势学科方面的发展。日本政府为打造世界级的社科研究基地和顶尖级的专家研究团队，在经费和政策上给予了相当大的支持。

---

[1]　张本森:《美、英、法、日等国家社会科学学术团体发展情况》,《探索》1989年第3期，第63～66、80页。

（二）国外社科类社团建立的原因

国外社科类社团的历史背景和起步虽然不同，但不约而同地在20世纪开始繁荣壮大，社科类社团的繁荣始终与社会科学内在的发展诉求，乃至国内的、国际的政治经济发展形势密不可分。社会分工和知识专业化的发展，全球化、国际化和工业化所带来的国际利益格局的变动，经济社会转型带来的是社会问题的复杂化、社会诉求的变动和公民社会的崛起，这些都成为各国社科类社团不断发展壮大的主要原因。

1. 学术发展和社科工作者的内在诉求

国外社科类社团的发展已有三四百年，透过早期社科类社团的建立的原因和模式我们可以看出，学者们和思想家们大都是以一种自由、松散的形式来开展学术讨论和学术活动，这些学术大家们也日益认识到以“集体”的形式和“组织”的形式能更好地开展学术讨论和推进研究，成立社团也成为社会科学内在的发展诉求。这也与社会科学研究的性质和社科类社团自身的组织优势密不可分。社会科学研究属于一种主观性较强的科学，不像自然科学有相对的真理、客观而统一的标准。社会科学研究往往需要不同的学者从不同的角度去穷尽对问题的认知，只有学者们之间的讨论争鸣、接力合作、思想激荡、互相对话才能推陈出新、有所发展，才能在此基础上形成知识累积、文化传承及其理论创新。社科类社团之所以以一种受欢迎的方式普及开来也是因为社科类社团作为一种组织载体，能给迅速实现人才资源、研究资源和学术资源的整合，实现学术发展的目的。由于社科类社团往往是某一领域的专家、学者自愿结合的结果，不仅大家志趣相投，有共同的语言，而且相互的争鸣和讨论也能极大地推进学术的发展和学科知识体系的建立。并且，社科类社团联系面广、成员广泛、结合灵活，能够极大地组织和发挥高智力人才资源的优势，迅速攻关对某一问题的认知，并能集大家的智慧进行创新，推动学术的发展和基础理论的研究。社会科学研究以团体的形式能更有效益、更快地促进交流合作和学术创新，实现学术内在的传承和发展。

其次，社会学科以其科学、理性和实证为特征，开创了不同于传统人文科学的研究方法和理论体系，为促进人类知识的发展、科学地认知社会提供了概念工具和研究手段，成为学科发展和学术创新的前沿阵地。工业革命以来，以理性、量化、科学实验为特征的自然科学研究不断地冲击着以哲学思辨和主观判断为主的传统人文科学的地位和作用，并且，自然科学研究的方法和价值观念也日益影响到人文科学领域，形成了以调研、数据、量化分析为主的数理统计和定量分析方法，也促进了学术研究的应用转化和实用倾向。社会科学正是在吸纳改进、整合自然科学和传统人文科学的理论概念、方法体系和研究方式上，形成了主观和客观、理性和价值、理论和应用、经济效益和社会效益兼具的学科特色，能够更加科学地认识问题和提供建议，更好地预测、规划和改造社会，社科类社团组织在很好地推动学术讨论和学科发展的同时，能够更加紧密地贴合社会问题，实现理论成果的转化，推动应用研究，成为改造社会和科学决策的重要前提。理性变迁社会和改造社会的需要也推动了社会科学研究的需要，社科类团体能以较大的学术资源整合来实现对理性社会变迁的需要，因而能够不断地成长壮大。

最后，组建社科类社团也是社科工作者内在的发展诉求。专家、学者们不仅能够在学术交流和社团活动中获得学术营养和社会承认，而且社团组织丰富的社会关系资源、人力资源和物质资源，能够为学者们捕捉课题信息、了解最新研究进展、开展科研项目和合作攻关等提供一定的保证。社科类社团的社会资本优势和组织优势，也容易获得政府和社会各界的信赖，是获得政府和社会资助、开展自身经营服务的良好载体。因此，组建社团也成为专家、学者们内在发展的诉求。

2. 社会需求和社科类社团的应用功能

国外社科类社团的繁荣发展也与社科类社团自身的社会功能有关。社科类社团的种类多样、人员来源广泛，不仅有政府内部的研究团体，还有民间自发组织的研究团体；不仅有高校的专家、学者，还有政府、企业等社会各界的人才。因此，社团的研究内容和旨趣非常广泛，研究目标和功能多样：有些属于高校的社团，注重基础性研究；也有很多政府和社会上的社团，应用取向明显，不是只注重基础研究，不重视应用转化和社会服务的象牙塔学问，而是有很强的应用价值和实践指导能力。并且，社科类社团具有较强的智力资源整合能力、意识形态导向和社会公益功能，在认识和解决社会问题，引领市场经济发展、社会和谐上，具有十分重要的作用。社科类社团具有政府、企业和其他社会组织所无法具备的科学素养、专业知识、中立价值和公益精神，因此能够为社会的良性运行和整合发展提供理性、科学的认识和建议。社科类社团作为一种独立的非营利组织，能够通过专家、学者的智力产品和集体智慧服务于决策者，为经济、社会、政治、外交、军事、技术等领域的发展和管理决策出谋划策，提供科学建议[1]。这些功能和价值也逐渐被政府和社会各界所认识到。特别是在“二战”以后，面临纷繁复杂的国内国际局势，各国政府在制定决策、部署规划和开展治理方面遇到了很多问题，专业性不强，也存在多种局限，政府在认识到自身的局限和社会科学研究的重要性后，纷纷出台政策鼓励社会科学的学科建设和社团组织的发展。

例如，第二次世界大战以后，美国作为资本主义国家阵营的盟主，一方面要遏制共产主义国家的发展，扶持德日等资本主义国家的发展，维护自身在全球的经济利益和霸主地位；另一方面，又要解决国内经济快速发展所带来的经济动荡、社会分化、利益对抗、社会运动等棘手的政治、经济、社会问题，这迫切需要政府、企业等作出高质量的公共决策和战略规划。但是，仅限于政府、企业机构及其有限的研究人员是难以做出高效、科学的决策，因此，美国政府大力扶持学术团体和研究机构的建立，标志性的事件是美国思想库（智库）的建设和发展，这些智库在战后如雨后春笋般地出现，并迅速成为企业、政府乃至社会各界决策咨询的必要程序。

无独有偶，日韩等亚洲国家面对日益复杂的经济社会问题，也逐渐认识到社会科学研究和发展的重要性，渐渐改变了之前以经济发展为中心，忽视社会科学研究的不良价值取向。例如日本就过去对人文社会科学研究认识的不足，曾就人文社会科学在 21 世纪的地位与作用做了如下阐述：“在 21 世纪迫在眉睫的今天，我们重又把推进人文社会科学研究作为课题，其背景主要有下述几点：1. 自然科学及其技术成果一方面为社会的发展和生活的提高做出贡献，而另一方面却在威胁人类的生存和最基本的伦理观。有关地球环境和生命伦理的问题就是其中的例子。这些问题估计今后会日益严重，而仅靠自然科学和技术是无法解决这些问题的。2. 随着信息化的进展人们的生活日趋复杂，而随着人口高龄化社会结构发生转变，现有的经济理论已无法预测、处理经济问题，现代社会所拥有的这些问题增加了人文社会科学必须研究的

---

[1] 王春法：《美国思想库的运行机制研究》，《社会科学管理与评论》2004 年第 2 期，第 29 ～ 41 页。

课题。”[1]

韩国长期执行偏重于经济发展的国策，对基础科学研究重视不足，该国策实施了 30 余年后开始暴露出问题，韩国政府逐渐认识到仅靠发展经济无法让自己跻身于世界民族之林，还必须要有一定的文化输出，才能让韩国走向世界，为此，韩国政府不遗余力地大力提高本国人文社会科学的研究地位和研究成果，欲将人文社会科学与自然科学研究的资助比例上调至 50：50，鼓励人文社会科学发展。2007 年韩国教育人力资源部发表“振兴人文科学基本计划”，计划从 2007 年到 2016 年的 10 年间投入 4000 亿韩元振兴人文科学，并设立“人文韩国”项目，计划培育 40 个以上世界级水平的区域学研究所，资助韩国学课题研究、学术专著的出版[2]。

通过梳理国外社科类社团的发展脉络可以发现，各国的社科类社团真正有所突破和发展是在第二次世界大战以后。“二战”后，各国都面临着重整经济发展和社会秩序的任务，而经济和社会的发展需要一定的科学规划和理论指导，这就对理性、实证的社会科学研究产生了一定的需求。而经济发展也带来了政府难以预料的问题，政府在一切以经济建设和技术发展为中心推动财富增长的同时，也带来了大量的社会问题。另一方面，市场竞争、经济波动、金融危机等也都从不同层面引发人们对自由市场经济发展的质疑，政府失灵和市场失灵使人们逐渐意识到市场和政府都不是万能的，要重新认识市场、政府和社会的关系，经济增长和社会进步的关系，国家和社会的关系，这些经济社会问题的解决、国家社会关系的重塑和社会秩序的建立都需要社科工作者提供更加专业的理论指导和政策研究，这些社会需求也进一步推动了社科类社团的发展。

3. 公民社会崛起和社会力量觉醒

经济的发展和社会的进步也导致社会内在的活力，公民社会的崛起也成为国外社科类社团建立发展的原因。国外社科类社团的成长壮大虽然离不开国家的资助和支持，也深受政府管理和引导的影响，但总体上来说，国外社科类社团的建立发展也离不开社会内部自发组织的活力。资产阶级革命成功之后，在资产阶级自由、平等、权利等思想价值观念的引导下，西方国家大都把

[1][2] 何培忠：《21 世纪初期国外社会科学发展政策概述》，《社会科学管理与评论》2011 年第 2 期，第 86 ～ 94 页。

结社自由写进宪法。这为社会组织的发展提供了宽松的制度保障和法律保障，使得各西方国家的社会组织迅速发展壮大，并掀起“全球结社革命”。以美国为例，美国的社团类组织丰富，美国人自发成立和组织社团已经成为一种传统，托克维尔曾描述：“美国人干一点小事也要成立一个社团……美国人无论年龄多大，不论处于什么地位，不论志趣是什么，无不时时在组织社团。”[1] 现在超过四分之三的美国人至少属于 1 个社会组织，平均每人都参加了 2 个社会组织，并向 4 个社会组织提供了资金捐助。在社会科学领域，基于学术讨论、积累、传承的需要以及研究兴趣的内在诉求，社科工作者大都会以大学或某种研究机构为依托，在相关学科、领域组建研究团队和兴趣小组。此外，美国不乏由大企业兴办的公益慈善组织、私人基金会向教育、科研类机构组织资助。比如比尔 · 盖茨创办的基金会截至 2009 年 1 月资产总额达到 297 亿美元。此外，美国民间社会发达的慈善公益理念、大量的基金会和思想库建设也成为美国社科类社团组织发展壮大的社会基础和物质保障。美国的基金会和思想库汇集了大量的美国精英人才，比如布鲁金斯学会、卡内基国际和平基金会、兰德公司、洛克菲勒基金会等。也正是西方意义上的公民社会的崛起，具有现代权利义务意识的公民的成长壮大，为社科类社团的发展提供了良好的人文社会环境。

韩国的公民社会和民主社会是在政府的引导和疏导下逐渐发展的。韩国政府从威权体制向民主政体过渡后，在韩国政府的放权和鼓励下，涉及劳工、教育、科研等领域的社会组织逐渐发展壮大。不过，不同于西方公民社会意义上国家和社会的对抗关系，韩国的国家和社会关系更多的是一种合作关系。韩国政府在经济发展到一定的水平之后，就积极引导和梳理各利益团体和社会组织，成为国家和社会之间利益协商和沟通的中介。在韩国政府的支持下，大量的政策出台推动社会组织的发展，而社科类社团也成为政府的智囊和社会治理的一部分，迅速得到发展[2]。社科类社团作为社会之中的精英力量，具备较强的话语权和价值输出能力，在韩国政府的治理和社会的整合中起了重要的作用。

---

[1] 托克维尔：《论美国的民主》（下），商务印书馆 1988 年版，第 635 ～ 636 页。

[2] 汪春翔：《和谐社会视域下社会组织建设研究》，江西师范大学 2013 年博士论文。

（三）不同国家社科类社团建立的模式

对于社科类社团建立发展的模式，各国各有差异，并且按照不同的划分标准也可以分为不同的类型模式。一般说来学术界主要是按照隶属的组织性质和组织管理模式来对社科类社团进行划分。

1. 从资金来源和隶属的组织性质上划分

国外社科类社团的组织模式可以分为官办模式、半官办模式、民间自发模式、大学自办模式。

（1）官办模式

官办模式指的是社团组织的成立和发展主要是政府行为，在体制上明确隶属政府，为政府和部门领导服务。其资金主要来源于政府，其人事设置、组织结构和组织目标深受政府的影响。比较著名的有美国总统科学咨询委员会、美国国会研究部等。

（2）半官办模式

即在机构设置上不隶属于政府，但会挂靠在官方机构的名下，其经费支持主要依赖于政府，其组织目标和业务内容也深受政府的影响，但相对有一定的自主运作空间，服务对象也不仅限于政府，是介于官方组织与民间组织之间的组织模式，例如美国的兰德公司和斯坦福国际咨询研究所等。

（3）民间自发模式

民间自发模式指的是一些社团的建立发展是社会的自发行为，主要是一些专家、学者自发组织建立的，其资金自筹，且资金来源多样，既可以是民间捐助、政府支持，也可以是自主经营所得。这类模式在西方国家比较常见，而且能够得到政府和社会各界的资助，其自身的信誉比较良好，运营效益也比较高。这类组织以基金会、企业型智库、咨询公司为多，也包括一些非营利性的公益研究组织。其人事结构、组织结构及其运行目标属于社团的自主行为。比较著名的如卡内基国际和平基金会、布鲁金斯学会和企业研究所等。

（4）大学自办模式

大学自办模式主要是指高校院校及其研究机构内部设立的研究中心、研究所等社科类团体。大学自办模式严格说来，也属于民间自发模式，但由于其特殊的资助体制，在学术研究、学科建设和国家治理中的特殊位置，以及其组织成立的目标、业务内容不受企业、政府的过多影响，因此，有一定的独立自主性，其服务对象相当广泛，偏向基础性研究，比较著名的如斯坦福大学胡佛研究所等。

2. 按照社科类团体的管理体制划分

我们也可以将社科类社团的管理模式分为四种：分散模式、集中模式、混合模式和委托模式。

（1）分散模式

分散模式指的是社科类社团组织的建立、发展和管理并没有明显的政府机构和组织结构来统一管理与协调，往往是各社会团体自主发展、自行管理，社团能够自主决定社团的发展目标、服务宗旨、内部治理结构、活动形式等。典型的国家如美国。美国作为一个倡导分权、自治民主和自由结社的国家，并没有统一的机构和组织来管理社科类社团，国家在自由、平等、法制等价值理念的基础上，对社科类社团的行为直接管理的比较少。社科类社团组织的发展相对自主和自由，但美国社团的发展也并不是没有限制和杂乱无章，社团的成立、登记要经过法律的允许，其社团运行和资金运用等也有严格的监管程序，社团要受到基金会、社会和法律的监督，甚至通过税收政策等得到有效的管理。

（2）集中模式

集中模式指的是政府单独成立一个部门和管理机构来全面负责社科类社团的规划和发展，各地区的社科类社团在政府的管理指导下建立和发展。例如，日本由文部科学省对人文社会科学的研究进行集中的一元化管理，文部科学省囊括的学术振兴会、科学技术振兴事业团，全面负责科研机构的规范管理，尤其是与其他学科有关的人文社会科学跨学科机构的发展管理等[1]。并且，日本政府还统一规定社团的组织结构。日本民法规定：公益法人的内部机构应是理事、监理和会议大会，社团法人一般都按规定设置了会长、副会长、专务理事、监事、评议员等职务[2]。日本的组织管理模式也是一种对口化管理，由有关的政府部门进行管理。

---

[1] 裴长洪、高洪：《日本人文社会科学现状与发展》，中国社会科学出版社 2003 年版。

[2] 郑文范、赵宇：《国内外社科类社团发展与管理比较研究》，《学术交流》2008 年第 2 期，第 76 ～ 80 页。

（3）混合模式

混合模式指的是兼具集中和分散两种管理模式。例如法国政府对社科类社团的管理实行宏观集中和微观分散的模式。法国政府在宏观上实行统一领导，由国家科研中心社会科学部和教育部领导全国的社会科学事业；微观上实行多元化管理，在具体的社团组织结构、资金运行和活动开设等方面，则由各社团组织和相关管理部门综合协调。

（4）委托模式

委托模式是委托给相关的职能部门进行登记、管理，政府的主要职责是同意和审核各项计划和政策。例如，英国是由慈善管理委员会统一负责社科类社团的登记注册和综合管理，慈善管理委员会是英国政府的一个特设机构，向法院而不是向政府部门负责。德国主要是通过几个全国性的重要学术机构和学术促进机构，如德意志研究联合会等来对社团组织的成立发展进行管理[1]。

综上所述，从各国社科类社团建立的模式和管理模式来看，社科类社团的建立发展大都是自下而上的设置，初期发展阶段的社团大都是自发的、自由的和松散的。虽然政府也通过一定的管理体制和资金引导来影响社团，但相对来说，社团的业务内容、活动形式和组织目标仍是由社团内部人员决定的。社团组织的运行有较多的自主空间和自治权利。并且，民间社团和社会各界的社科类社团相对发达，政府和社会各界的资金支持来源较广。由基金会和个人资助科研机构发展社团组织的方式，在很多国家都成为一种较为普遍的模式。

二、国外社科类社团发挥的作用与效能

国外社科类社会团体以其明显的精神产品生产功能，推动了自身在理论创新和学术发展、社会服务、政策支持，文化传承和意识形态输出方面的功能。

（一）学术发展

国外社科类社团尤其是西方发达国家的社科类社团，在推动学科建设、

[1]　裴长洪、高洪：《日本人文社会科学现状与发展》，中国社会科学出版社2003年版。

理论创新、方法创新等基础性研究方面的作用突出。在学科建设上，西方国家通过依托社科类社团推动哲学、经济学、社会学、管理学等众多学科的不断发展，学科体系日益完备。不过近些年来，学科建设也呈现出一种综合的趋势，社科类社团也运用更为科学的方法来推动学科建设。由于长期以来，国外社会科学长期坚持“以学科为中心”的研究方式，研究视角相对狭窄，随着近些年注重实用导向和问题导向，研究方式也转向“以问题为中心”，突破专业和学科的限制，运用交叉科学来推进研究和对问题的认识，促进了学科综合性发展的趋势。

在理论创新上，国外依托社团组织也产生了大量突出的理论成果。法国巴黎国际社会学学会（IIS）为各国优秀的学者、专家开展交流对话，创新思想和理论提供了土壤和平台，促进了帕森斯的结构功能主义、科泽尔的社会冲突理论、霍曼斯的社会交换理论的诞生。国际经济学会通过频繁的会议交流和学术活动，聚集了一大批经济学家和专家，就相关的经济理论问题进行探讨，促使了“现代主流经济学新综合”、“新凯恩斯主义理论”、新李嘉图主义的产生，对西方国家乃至世界各国的经济社会发展产生了积极的影响[1]。

在方法上，国外人文科学类社团也十分注重从研究方法上开拓创新，通过跨学科、跨专业，采用先进的技术手段来整合研究资源，实现方法创新。并通过采用新方法来推进对问题的研究和对政策的分析。例如兰德公司 1976 年创建了一个兰德数据统计小组，由 10 名博士组成，目的是为了“通过使公司所有研究人员较容易获得满意的专业知识，提高兰德的研究质量”[2]。该组研究人员在许多不同的数据统计领域内部是知识丰富的专家，他们给任何一位需要查阅数据统计的研究者免费提供适量的有关资料。他们邀请研究者们在与数据分析、理论与实践数据统计、概率性或其他数据统计等领域相关的内容方面，咨询任何问题。咨询机构为改进技术手段投入了不少的经费。原兰德总裁赖斯认为：“兰德工作之所以如此重要，一个重要的方面是它为政策研究提供了分析工具。”“从长远的观点看，关于方法的创造性研究才是兰德

[1] 郑文范、赵宇:《国内外社科类社团发展与管理比较研究》,《学术交流》2008 年第 2 期，第 76 ～ 80 页。

[2] 曹益民:《世界主要国家公共决策咨询的做法和经验》,《中国软科学》2000 年第 10 期，第 66 ～ 71 页。

最经久不衰的成就。”[1]

（二）社会服务

在国外，尤其是美国，“对社会是否有用”是衡量社团及其研究价值的重要尺度。面向社会开展各类服务是社科类社团的一项重要功能，特别是一些民间的公益类社团和企业性的社团组织。国外的社科类社团大体经历了从注重知识性的交流到为经济、社会服务的转变，十分注重社团活动的社会效益和经济效益。这也与国外的资助体制有关，一些企业、基金会以及社会各界的支持和资助，某方面导致了社科类社团的市场化取向和应用取向。社科类社团的社会服务功能主要是面向企业、民间非营利组织等。

企业是国外社科类社团重要的服务对象，现代企业在做决策时不单单考虑到市场因素、经营模式和组织管理模式，还要考虑到更为复杂的人文社会环境和政治形势，这就需要更为专业化的知识和信息。社会科学研究可以为人们提供一种洞察力，帮助我们理解个人和组织的处境和人文环境，了解各类经济数据和信息，并通过各种数据和信息分析，提出应对变化的不同方法。社科类社团正是通过向企业提供类似的服务，改进企业的经营管理、营销策略等。社科类社团的这一重要功能已经在很多国家得以挖掘和发展。例如在日本，社科类社团经常得到股份公司、财团法人的支持和资助，为其企业经营和海外拓展服务。又如美国国际经济政策协会就是由多家大的跨国公司联合组织的研究机构，专门对国际经济发展趋势和各国的贸易、投资、金融、资源和环境等方面进行分析和研究，并对各个公司提出有针对性和建设性的对策建议。

此外，一些社科类社团在社会公益方面也有十分重要的功效。社科类社团作为一种非营利组织和社会公益组织，其基本职能之一就是借助自身的能力和影响力，推动对各种社会问题的解决，促进社会进步。国外的社科类社团在这方面确实有突出的功效。例如反种族歧视运动的开展，就是社科类社团的成员借助自身在政府的任职，结合自身的研究和媒体的报道推动的。又比如，1988 年 9 月成立的欧洲学会，着重研究欧洲各国面临的共同问题，诸如人权问题、欧洲的环境保护、人口老化、新技术等，促使人们科学、合理地

[1] 乔迪·兰德:《决策》，天地出版社 1998 年版。

解决经济科技发展所带来的社会问题，改善人的生存和生活环境。一些社科类社团还通过兴办实业和举行各类免费活动的方式，为某类群体提供公益服务。美国金融管理学会作为一个全球性的非营利性组织，致力于在全球范围内提供高水平的金融职业资格证书教育。一些社科类社团还兴办图书馆、资料馆、出版社、职业培训等事业和企业，为会员提供学习、研究、培训和就业机会等服务[1]。

（三）政策支持

为政府提供政策支持和决策咨询是社科类社团又一项十分重要的功能，某方面也决定了社团的发展状况。社会科学作为研究人、机构、组织和社会运转的认识工具，能够为有效地认识社会、管理社会和改造社会提供科学的知识、规划和建议，特别是有关经济发展、社会管理和外交政策等方面的知识。而与此同时，国家社会关系的改变、复杂的利益格局、震荡的经济形势、爆炸性的信息技术革命等都给政府的决策和谋断带来巨大的挑战，传统的依赖政府内部管理人士出谋划策，向个别专家和社会精英咨询的方式，已经不能满足政府管理的需求。现代政府越来越依赖具有丰富“智力资源”的大学、科研院所、研究社团等智囊，咨询各类智囊也成为各国政府施政决策的重要程序。欧美等国已经把社科类社团的意见纳入了政策制定的过程，并通过把成果评估标准放在对外的决策服务上，来约束社科类社团的研究，使其更具有实用性和政策支持能力。国外社科类组织虽然是基础研究和应用研究并重，但是，受到国家政策导向、评价标准、奖励机制的制约，以及各类基金会和资助单位的影响，社科类社团的研究应用性更强，尤其是那些国家层面的重大现实问题往往置于更优先的地位。例如日本政府行政长官在政府重大政策出台前都要听取审议会专家的意见，经专家学者审议并提出方案后，再由政府部门提出施政方针。

美国政府出台政策也往往以社会科学研究成果作为依据。并且，美国的社科类社团在政策支持方面颇有特色，也颇具成效。典型性的是美国的智库发展。咨询智库已经成为美国历任总统的进行竞选、执政、设计社会政策和

---

[1] 张本森:《美、英、法、日等国家社会科学学术团体发展情况》,《探索》1989年第3期，第63～66、80页。

解决各类问题的一个必经程序。智库成员出入政府职能部门已成为美国政治的一大特色，智库成员身份在政要与研究者之间变换[1]。政府项目的论证、运作、完成等各个阶段，都要有不同的咨询报告。联邦政府还规定，超过100万人的城市都应建立关于区域发展的综合咨询机构[2]。除了政府的主动咨询外，大多数的社团组织也希望用自身的研究成果来影响政府政策。社科类社团主要是通过发表刊物、著作和研究报告的形式，主动和积极地引导政策走向，以求政府的注意，甚至联合媒体和舆论造势等，对政府决策，甚至军方决策产生影响。例如20世纪90年代，进步政策研究所提出的《变革方案》被克林顿政府奉为圭臬；兰德公司、海军分析中心、传统基金会等对军方的决策也产生了很大的影响[3]。

除了以报告、著作等形式提供政策支持外，一些社团组织还充当媒介，亲自参与政府的治理。随着现代国家和社会关系的转变，半官方的以及独立的非官方类社团，以其与政府的密切交往和相对独立性而成为国家和社会关系的中介，甚至在国际关系中起着重要的媒介作用。社科类社团在为国家提供决策参考的同时，也积极地协调国家和民众之间的关系，进一步加强沟通交流，为政策的制定、先期宣传造势、政策方案的选择等了解民意，积极地征求民众意见，以更好地推进政策的实施。社科类社团既能深入社会，又能联系专家，同时和政府保持比较密切的关系，是协调政府与社会、各利益集团关系的一种形式和渠道，能够起到调节利益矛盾的作用。此外，一些半官方的和非官方的社科类社团组织，还替代政府作为第二渠道加强各国之间的学术交流和友好合作，甚至在国际关系出现重大波折时，穿针引线，作为政府的使者就双方的利益诉求和双方的关系进行沟通[4]。例如一些美国智库的活跃人士就经常在国家的外交关系上发挥着重要的作用。

---

[1] 王佳宁、张晓月：《智库的起源、历程及趋势》，《重庆社会科学》2012年第10期，第102～109页。

[2] 曹益民：《世界主要国家公共决策咨询的做法和经验》，《中国软科学》2000年第10期，第66～71页。

[3] 王保存：《美国军事创新动力探源》，《解放军报》2002年10月23日。

[4] 侯经川、赵蓉英、邱均平：《全球思想库发展综述》，《预测》2003年第6期，第7～11页。

（四）文化传承和意识形态输出

社科类社团是思想生产和文化传承的基地，也是意识形态繁荣的载体。社科类社团的研究除了对政府决策和经济社会的发展提供有效地政策意见外，也能通过舆论引导、思想建设和价值输出的方式，有效地推动本国的文化建设和意识形态建设。国外社科类社团就十分注重社科类社团的舆论引导功能和意识形态建设功能。

文化是一个民族团结的精神纽带，体现了一个民族的思维状态、价值理念、精神状态和文明素质，是一个国家综合实力和国际竞争力的重要象征。文化传承的好坏直接影响到一个国家的价值生产能力和输出能力，文化自觉性和文化自信，影响到了一个民族的向心力、感召力和凝聚力。社会科学是人类知识不断累积的结果，社会科学发展的过程就是文明传承的过程[1]。社科类社团作为文化生产的重要主体，在文化传承、累积和传播方面，有着十分重要的作用。社科类社团能够通过一系列的文化研究、科普活动、社会传播等来传承本国文化。例如，“二战”后的日本在积极学习西方文明、师法欧美的同时，也非常注意对本国传统文化的保护，通过建立日本历史学会、比较文学、美学学会等一些研究传统文化研究机构和学术组织来实现传统文化的传承。

社会价值创造和意识形态输出也是社科类社团的重要职责。社科类社团作为社会价值的生产和意识形态的宣传引导者，通过刊物、报告、媒体和舆论引导等，逐渐让公民和政府所接受，逐渐成为整个国家的共识和价值体系的一部分。社会价值创造和意识形态输出能力也是影响本国国际地位的重要方面。美国的社科类社团就有较强的价值创造能力和输出能力。他们经常通过看似中立，实际上带有价值倾向的研究报告来加强本国的意识形态输出能力。

三、中外社科类社团发展的比较

比较研究是社会科学研究常用的方法之一。通过比较可以发现事物发展运行的规律。本部分通过比较中外不同国家的社科类发展的异同，以更好地

[1] 程彩霞:《社会科学类学会的功能定位与发展对策》,《全国社科联第八次学会工作会议材料汇编》，2004 年 8 月。

认识我国社科类社团发展的规律及其不足，借鉴各国社科类社团发展优秀的做法，更好地立足本国实际，改进我国社科类社团，让社会科学更好地为经济社会发展服务。

（一）中外社科类社团发展的相似之处

1. 与社会需求紧密相关

社科类社团的发展与各国强烈的社会需求有关。纵观世界各国社科类社团组织的发展历程，我们可以看出，社科类社团的繁荣发展是工业革命和市场经济发展的结果，而工业革命和市场经济给社会和政府带来的一个显著问题就是社会管理需求和社会规划需求的增加。工业革命以来，科学技术、市场经济和全球化带来前所未有的问题和日益复杂的社会，对人类的社会生活和精神生活，乃至社会治理都带来一系列问题，而科学理性的认知革命又推进人类运用科学的认知工具来认识人类社会的行为和发展，社会科学研究和社科类社团的发展正是在这样大的外部环境中不断繁荣发展的。

第二，社科类社团的发展也与各国宽松的经济政治环境有关。世界各国社科类社团的发展都是在第二次世界大战以后。“二战”以后，世界各国的政治经济局势虽然仍有波动，但总体上秩序稳定、经济上升，政治环境相对宽松，这就为各国社团发展提供了相对宽松的政策环境和丰富的物质基础。不少国家社科类社团组织的发展巅峰都是在这一时期。我国社科类社团的发展虽然起步较晚，但也开启于近代，繁荣于改革开放以来的市场经济的发展和社会需求的增加。

2. 与政府的联系密切

国外社科类社团的发展十分注重加强与政府的联系，掌握政策制定者的需求，积极为本国政府提供有效的政策咨询和服务。各国政府也都比较重视与社团的合作交流，创造各种条件来开展合作。例如，美国一些社科类社团经常请国会领导人到社团做报告，邀请他们参加研讨会。与研究人员一起研究、做课题、发表见解，让研究人员详细了解政党和政府的基本思路、基本观点，使社团组织的研究更具针对性、现实性。我国社科类社团因为长期以来在政府的管理下活动，与政府组织的关系更加密切，主要业务也是面向政府。

此外，社科类社团在资金来源上也十分依赖政府。无论是西方国家还是我国的社科类社团，政府都是社团类社团最重要的资助单位。社科类社团，作为一种公益非营利组织，其自身的经营收入是非常少的，大部分依赖于政府、企业和社会各界的支持和捐助。因此，社科类社团的繁荣发展离不开国家宽松的政策，也离不开政府的财政支持。即使在美国、日本等私人基金会比较发达的国家，社科类社团组织的运转资金仍要依靠政府的大量资助和购买服务。近年来各国政府除了加强官方社科类社团的发展外，更倾向于通过购买服务的形式来激励社科类社团的发展，以更有效地实现其科研成果的转换和社会服务功能。

3. 智力资源整合优势明显

从世界各国社科类社团的智力结构和人才结构来看，社科类社团的人员大都是社会各界的高素质人才和精英，以大学和研究机构的知识精英居多，但也不乏一些政界、企业和民间机构的精英人士。在学历上也都是硕士、博士，乃至各领域的专家、教授。总之，社科类社团较为松散的管理模式和相对自主的业务模式导致社科类社团能够集合各领域的精英，最大限度地优化智力资源的配置，发挥其智识生产和提供精神产品的功能。并且，社科类社团很少有专职的工作人员，很多都是兼职的身份，他们更多的是大学研究机构的人员，也有部分来自企业、政府等，通过他们，社科类社团能够迅速整合社会各界的资源，掌握各类信息，并能联合各界的精英，以迅速推动对问题的认识。美国的智库被称为人才建设的“旋转门”，政府机构工作人员退休后，可以到各个智库任职，社团的工作人员也可以被政府聘任为政府工作人员。我国的社科类社团也有不少是由政府工作人员兼职，不少研究人员兼有学者和政府工作人员两种身份。

但总体上来看，我国社科类社团与国外还存在很多明显的差异，特别是在发展模式上、组织管理体制乃至功效上。

（二）中外社科类社团发展的差异

1. 发展历程和模式的差异

（1）内源性发展和外源性发展

通过本书前几章的分析和研究证明，我国社科类社团的发展大都是一种政府主导下的外源性发展模式，而国外大都是内源性发展模式。早期国外社科类社团组织的发展大都是民间社会内在的发展动力，属于内源性模式，并不是政府等外在力量强制的结果。西方国家自资产阶级革命以来，在自由、民主等思潮的影响下，民间以及一些知识精英自发组织社团活动的情况比较多，集体学术活动比较多，社团组建比较活跃。并且西方各国的公民社会发育也比较早，公民自下而上有很强的结社倾向，早在政府进行管制和疏导之前，社团组织的发展和活动已经相对频繁。国家在自由、民主等价值理念的影响下，对社科类社团的活动管制得相对较松。因此，国外社科类社团的发展看上去大都是自由、松散的模式，社团组织的发展也相对自由和自主。“二战”以后，各国也大都制定了更为宽松的政策和奖励机制，更有利于社科类社团内部的活力和发展。

我国属于后发性社会主义国家，工业革命的开展和现代社会的建立是迫于列强的侵略，一些早期社科类社团就是在这种内忧外患的局势下被动建立起来的，并不是资产阶级革命和工业社会发展内在的动力。社科类社团建立的目标有很强的改造和实验倾向，是为了引导思潮、振兴实业、救国救民，但一直以来社团组织的发展由于受到政府的严格控制，发展不足，一些初期社团组织的发展也是由政府来引导和控制。改革开放以后，社科类社团的发展大都是政府的放权和主动推动的结果，其社会内在的活力和自主发展的动力仍相对缺乏，属于外源性模式。

（2）多元化管理与双重管理体制

从组织管理体制上来看，中外各国的管理体制差异都比较大，各国按照各自的治理传统和价值观念来对社科类社团进行有效的管理。一般说来国外并不会严格管理和直接干预社科类社团组织的成立及活动，更多的是通过法律和经济手段来引导和显示政府的价值倾向。世界各国对社科类社团的组织管理主要分为注册登记管理和科研体制管理两个层面。在注册登记方面，大部分国家的政策较为宽松，只要符合相关的法律法规，就能注册登记，注册登记单位并不干预其相关活动。当下世界主要国家的登记注册主要有以下几种模式。一是对口管理，以日本为典型代表。政府各有关部门对口管理社会组织。二是共同管理，以加拿大为典型代表，管理社科类社会组织的政府机构有三个：消费者商业事务部负责社会组织登记和注销，税务局负责决定社科类社会组织的免税登记证的使用，国内事务部为社科类社会组织提供服务。三是司法部门管理，以美国、德国、瑞士及泰国等国家为代表。四是第三部门管理，以英国为代表。在英国，慈善管理委员会对社会组织实行综合管理，统一负责社会组织的登记注册。在科研体制管理方面，美国属于分散式管理，各自为政，没有统一的领导、统一的计划和部署。法国和日本则实行集中的一元化管理，由相关的业务主管部门负责，属于对口管理。

与上述世界各国相比，我国属于一种双重管理体制，由政府的登记管理机关和业务主管单位共同管理[1]。双重管理要求社团必须取得业务主管单位行政意义上的“许可”才能在民政部门登记注册，获得合法的社会身份。这一要求导致我国社科类社团建社门槛过高。此外，在双重管理体制下，由于社团过于依赖“上级”，使得社团的“官办”色彩和“行政化”倾向较为严重[2]。

2. 资金来源和社会支持的差异

在国外，社科类社团的发展起初都比较弱小，也缺乏有效的资金支持。在国家越来越意识到社科类组织发展的重要性后，逐渐加大对社科类社团的投入力度，也就是说社科类社团的繁荣壮大离不政府的政策支持和资金支持，政府长期以来是社科类社团组织发展的主要资助方。政府在直接对社团进行资助的同时，还通过多种资助形式来推动社科类社团组织的发展，包括设立基金会、购买服务等，还设置各种活动项目和奖励来扶助社科类社团的发展。例如美国几乎每年都要拨出巨额专款来资助和购买社科类社团的服务，仅就国内的重大决策问题，美国每年都要拿出数百亿美元来购买各智库的咨询方案[3]。德国社会福利服务组织的主要资金也来自政府拨款，其比例几乎占了德国社科类社团总收入的2/3。

社科类社团的运转资金除了政府的财政支持外，相当大的一部分来源于社会的资助和捐赠。西方各国十分重视和鼓励个人、企业参与慈善事业和社会公益事业的发展，私人基金会和社会捐赠较多。美国社会捐赠的数额和分量十分巨大，在社科类社团组织的运营发展中起到非常重要的作用。此外，

---

[1] 闫东：《党与民间组织关系研究述评》，《学习时报》2007年10月15日。

[2] 杨光锦、周健：《我国社科类社团生存发展问题探析：资源、依赖与控制》，《学理论》2011年第34期，第42～44页。

[3] 华杰：《咨询活动与政府决策》，《地方政府管理》1996年第11期，第48页。

各国政府还通过税收优惠政策等鼓励社会各界捐助社科类社团。一些社科类社团的资金筹集、公益活动和经营活动也都享受免税政策。这也间接地扶持了各类社团组织的发展。德国政府明确规定获得公用事业资格的社团，本身及捐助者将享有税收减免的特殊待遇，不用再缴纳所得税、消费税、物业税和资本转移税。

相对来说，我国的社科类社团的资助来源并不多，缺乏相应的人文环境和捐赠传统。因此，我国社科类社团的社会支持力不足，得到社会资助和捐赠并不多，更缺乏类似国外大型基金会的支持，资金来源主要是政府供给，且相对国外的支持力度来说，政府对社科类社团的支持并不足。这就导致我国社科类社团的发展存在经费不足的问题。

3. 监督体系和评估体系的差异

国外对社科类社团组织的监督主要分为三个主要的方面：一是法律监督；二是部门监督；三是社会监督。依法管理和监督是国外社科类社团组织管理模式的一大特色，国外一般都有专门管理社科类社团组织活动的法律法规，通过法律条例来规约社科类社团的活动。有关社科类社团的组织管理条例和法律条文等也比较健全，并且相关的法律就监督和税收、资金运营等方面的内容规定得十分详细。其次，各国一般也有专门的部门机构来对社团的财物进行审查。例如美国政府指派管理人员审查社科类社团工作报告，指定会计事务所和财务标准董事会对社科类社团的财务实行审计监督。此外，各国也十分重视社会监督的方式，通过公众和新闻媒体来加强监督。一般各国都会要求社科类社团向社会公开相关档案、财税状况和研究状况等。例如美国联邦法律规定：任何人都有权查看社科类社团的原始申请文件及其前三年的税表。美国的新闻媒体在舆论监督方面作用也十分巨大。而相对来说，我国的监督体系十分不完善。与社科类社团组织严格的登记准入制度不同，我国社科类社团一旦允许组建以后，就很少再对社团类组织的活动和运行进行监督。这是由于一方面相关的业务管理部门缺乏相应的职责、权限和资源。另一方面，我国的社科类社团的管理活动重准入、轻过程，这与西方等发达国家的监督管理体制存在明显的差异。现阶段我国还没有一部专门规范社科类社团组织运营的法律，这就使得对社团经营活动和资金运营缺乏有效的依法监督。再就是我国的社会监督尚未形成氛围，新闻媒体和公众的监督能力不足，社团类的活动和财物状况并没有向社会各界公布的必要，公众、捐赠人和新闻媒体对社科类社团的章程、组织机构、活动情况和财务管理等缺乏有效的了解。

为了保证社团活动和研究的质量，也为了保证科研经费的有效使用，各国也十分注重对学术研究评估体制的建设。一些国家的学术研究评估甚至上升到国家级和法律的层面。美国20世纪90年代行政管理和预算局与美国科技政策办公室就制定了《研究与开发投入标准》，评估科研投入方向是否正确有成效，该标准被应用于所有的研究与开发项目之中。而相对来说，我国的学术评估体系十分不完善，不仅缺乏学术评估的主体，而且也缺乏有效的评价标准。总体上说，我国的相关的制度建设还在探索和完善中，特别是监督和评估体系的建设，这就导致我国对社科类社团的激励和监督作用不足，治理能力较差，活动参与性较差。

4. 作用和功能的差异

西方发达国家社科类社团在国家和社会的管理中都占据十分重要的地位，总体上说来，国外社科类社团在学术观点创新、社会服务、学科建设、社会价值和意识形态宣传等方面的作用和功能明显，社科类社团在国家和社会之中也有很高的社会地位。国外的社科类社团在学术创新上都有很强的生命力，不同领域的专家汇集在一起就重大的学术问题和理论进行广泛的讨论，很容易推陈出新。特别是早期的社科类社团很多是专家学者们的兴趣爱好而成立的。虽然，近些年国外社科类社团的研究市场化趋向明显，也受到政府和资助单位的影响，但是，相对来说，国外的社科类社团仍坚持基础研究和应用研究并重的原则，在学术创新上不断地探索，特别是在研究方法上，通过采用新技术、交叉学科、跨学科研究等方式，来对国内外重大的现实问题和理论问题进行研究。在社会服务上，很多国家都奉行重大行政决策先经过社团专家咨询的原则，使社会科学的研究内容与政府确定的各种战略目标和政策联系更为密切。企业和社会各界，乃至个人也会经常咨询社科类社团。社科类社团在学科评估的功能和影响也十分突出，而不单是政府的职能。在社会价值和意识形态生产方面，国外的社科类社团有很强的输出和导向功能，企图通过自己的研究结论和报告影响政府和社会公众，国外社科类社团每年都试图通过大量的研究报告和媒体宣传来引起政府的注意，影响政府的决策导向，引领社会思潮的走向。国外的一些政府也试图借助社科类社团的研究来操纵社会舆论和对外政策，加强意识形态控制。

而相对来说，我国社科类社团的应用倾向和社会服务能力并没有那么强。在学术创新上不足，还处于学习西方先进理论和方法的阶段，近些年也注重通过社科研究本土化的趋势来加强推进学术创新，但总体上成果并不太突出。在价值宣传和意识形态引领方面也相对落后，虽然我国社科类社团受政府的影响比较大、自主性不强，也很大程度上是政府开展社会治理的一部分，但是，社科类社团意识形态整合能力比较弱，特别是围绕着社会主义核心价值观来整合本民族先进文化和价值输出的能力比较弱，很大程度上成为西方文化的舶来阵地。社科类社团也因为缺乏具有公信力和研究深度的报告而难以引起社会各界的信服，在成果宣传和影响、成果转化等方面也存在很多欠缺。总体上，社科类社团的价值生产能力和舆论引导能力仍比较弱，在涉及国内外重大战略决策问题上的影响力不足，对社会的引导也不足，特别是对本国核心价值观的对内整合和对外输出转化方面较弱。再加上，我国社团资金来源少，社科类社团的人员素质参差不齐，自我发展和自主管理的能力不足，其作用和功能的发挥就受到极大的限制。在学科建设和评估方面，社科类社团的参与也比较少，往往由政府主导。社科类社团在普及社会科学知识等公益性社会文化服务上作用并不明显。我国社科类社团组织由于受人文发展环境、政策制度环境、发展阶段的限制，仍有很多改进和进步的空间。

（三）结论

通过国内外社科类社团的发展状况和功能发挥情况的对比，我们可以进一步发现我国社科类社团发展的优势与不足，可以在立足本国国情和实际情况的同时，吸取和借鉴国外先进经验，进一步改善本国社科类社团的发展。

1. 改善社科类社团的管理模式

改善我国社科类社团的组织管理模式，不是要全盘模仿国外的经验，而是要充分认识到我国社科类社团发展的历史和现实，在此基础上进一步改进。我国社科类社团组织的双重管理有很大的弊端，不少研究也建议废除这种双重管理体制，但也要认识到这种双重管理体制在目前仍有一定阶段的合理性。在系统的法律法规、监督评估体系健全之前，这种双重管理体制就有存在的必要，否则容易陷入管理真空、权责不明的状态，更不利于社科类社团组织的发展。要认识到我国社科类社团的发展尚比较年轻，仍处在起步发展阶段，需要时间来不断地逐步改进和完善，不可能一蹴而就。此外，我国仍缺乏国外社科类社团组织发展的政治基础、社会基础和人文环境，这就导致我国社科类社团组织的发展仍离不开政府的扶持和支持。并且，社科类社团组织在社会价值和意识形态领域的特殊功能，就直接导致其组织发展和管理有必要受到国家的监督和约束。尤其是在日益复杂的国际和国内环境下，政府加强社科类社团组织的监管就十分有必要。社科类社团在不改变现有管理体制的同时，可以逐渐放宽业务主管单位的权限，逐步实现对口化管理。学习法国和日本组建全国性的业务主管单位的经验，实现统一管理，由全国社科联来集中负责社科类社团的科研管理。同时加强社科类组织在学科评估等方面的作用。

2. 健全社科类社团的规范化管理

在依法管理和规范化管理上，我国社科类社团十分欠缺。我们可以从两个方面加以改进：一是外部制度建设，二是内部组织建设。在外部制度建设方面，要学习借鉴国外在依法规制方面的先进做法，才能有效地引导社科类社团的健康良性发展，获得社会的信任。首先是健全法律规章和社团章程，做到有章可循、有法可依。社科类社团要严格按照法律法规来执行，约束自身的行为。其次，加强管理监督，特别是财务收支、经费运营等方面的管理，相关部门要做到依法监管，确保法律法规的权威性。再次，从社会层面加强监督管理，强化新闻媒体和公众的监督机制，允许公民、捐赠人、媒体等对社科类社团的章程、组织活动和财务管理等情况进行了解。最后，是要建立详细的考核评估机制，改变政府主导的评估模式，让社科类社团参与评估标准的制定，确保评估标准的科学性、客观性，并促进社科类的组织活动依法开展，公开透明。在内部组织建设方面，要不断地完善社团组织体系。组建权威的领导班子，健全人事制度、财务制度和业务管理制度，加强团队的自律精神和自治能力，注重社科类社团内部管理能力的提升。

3. 扩大社科类社团的资金来源

与国外相比，我国社科类社团在资金来源上普遍存在缺乏的问题，不仅在来源渠道上比较少，而且在自身运营上也比较欠缺。在这方面，国外的很多做法，我们可以吸收借鉴。首先，从政府层面讲，政府要出台政策和调整支出结构，不断加大对社科类社团的资助，除了政府购买之外，还可以通过改进税收政策、优惠政策等扩大企业和社会各界的捐赠，间接地改善社会支持的力度。其次，要倡导一种公益氛围和人文环境，激励社会各界参与到我国慈善事业和公益事业中来。最后，还要鼓励社科类社团的自主运营，鼓励各类组织面向市场，开展咨询研究、承担课题、开展培训等，拓展自身的运营收入。逐步通过政府支持、社会筹集、自主运营的多元渠道来解决资金不足的困境。例如基金会在美国历史上首先开创了对科研活动进行资助的方法，后来被政府机构采用，与合同并列为科研拨款的两种主要形式。

4. 发挥社科类社团学术功能

学术研究和创新是社科类社团的基本功能，也是其生命力长久不衰的基础。国外的社科类社团之所以有较强的影响力，就是因为其研究团队的高素质，学术研究和基础研究的扎实。只有理论深度和视野达到了一定的程度，才能在科研成果转化上得到社会各界的承认，才有一定的公信力和说服力。我国社科类社团总体上的科研创新能力并不足，在倡导社会科学本土化的今天，更要加强学术研究，特别是基础理论的研究，为理论创新和本土社会科学的发展助力。在这方面，我们一是要学习国外的学术探索精神；二是要大量开展实证研究，推动我国社会科学的发展和理论创新；三是要优化人才科研队伍，进一步增强社科类社团发展的智力层次，并引入一定的竞争淘汰和奖励机制，资金充足的条件下还可以学习日本，设立专职研究队伍。

5. 增强社科类社团服务功能

从国外社科类社团的运作机制和服务功能上看，我们可以从两个方面改进社科类社团的服务功能。一是社团层面，二是政府层面。从社团层面来讲，我们要鼓励社科类社团面向市场和社会，与政府、企业和各类社会组织建立良好的合作伙伴关系。要进一步加强学术研究的应用转化，紧密结合国内外的重大理论和现实问题为政府提供决策咨询服务，同时，也要密切关注市场需求和社会需求，为企业、社会组织等提供咨询服务。社科类社团也要学会自主经营，扩大自身影响力，通过办刊物、组织公益活动等方式，实现学术研究成果的转化。

从政府层面来讲，学习国外的决策咨询模式，建立科学的决策机制。完善专家咨询制度，在重大决策做出之前，要组织有关专家进行系统研究和论证，把社科类社团的研究成果纳入到科学决策的过程之中，引导社科类研究的现实指导作用，满足政府科学管理的转型需要。

第八章　湖北省社科类社团健康发展的具体路径

从中国实际看，传统的社会管理模式逐渐失去其合理性，在追求善治的过程中，多元组织的协同机制逐步在国内外都成为实现社会治理的有效手段。各国实践表明，社科类社团因其具有的公共服务、科学知识和实践行动优势已广泛参与社会治理，它的优势使其面对社会科学发展时有更高的敏感性和研究力，他们与政府二者作为社会服务的重要供给主体，不仅功能相关、目标一致，而且也通过自身的功能与角色，实现了公共品混合供给，促使社会管理从“刚性管理”走向“柔性管理”。

但是同时，随着形势发展，社科类社团作为重要的智库建设跟不上、不适应的问题也越来越突出。2017 年 5 月，民政部、中宣部等九部委联合印发的《关于社会智库健康发展的若干意见》中指出，近年来，我国社会智库有了一定发展，在咨政建言、理论研究、社会服务、人才储备、国际交流等方面发挥了积极作用。但是，我国社会智库总体上还处于起步和探索阶段，面临不少困难和问题，主要表现在：扶持发展和规范管理社会智库政策不健全，缺乏参与决策咨询的制度性安排，功能作用没有得到充分重视；社会智库自身发育不足，资金短缺，人才匮乏；一些社会智库行为不规范，对外交流合作监管不到位。政府与社科类社会组织之间还存在着错位性期待和强制性合作。另外社科类社团与其他社会组织之间也还存在隔阂，包括人才的培养、知识的共享、资源的互动和整合等。因此，完善社科类社团的不足，促进其健康发展，是一项极其重要而艰巨的任务，必须紧紧围绕党的十八大报告所提出的“围绕构建中国特色社会主义社会管理体系，加快形成党委领导、政府负责、社会协同、公民参与、法治保障的社会管理体制，加快形成政社分开、权责分明、依法自治的现代社会组织体制”要求统筹谋划、科学布局。根据2015年1月中共中央办公厅、国务院办公厅印发《关于加强中国特色新型智库建设的意见》，到2020年，统筹推进党政部门、社科院、党校行政学院、高校、军队、科研院所和企业、社会智库协调发展，形成定位明晰、特色鲜明、规模适度、布局合理的中国特色新型智库体系，必须具备的八大标准包括：（1）遵守国家法律法规、相对稳定、运作规范的实体性研究机构；（2）特色鲜明、长期关注的决策咨询研究领域及其研究成果；（3）具有一定影响的专业代表性人物和专职研究人员；（4）有保障、可持续的资金来源；（5）多层次的学术交流平台和成果转化渠道；（6）功能完备的信息采集分析系统；（7）健全的治理结构及组织章程；（8）开展国际合作交流的良好条件等。

规范和引导社会智库健康发展，优化政策环境，对加强中国特色新型智库建设、推动国家治理体系和治理能力现代化、提升国家软实力具有重要意义。根据国家的政策导向和社会建设的发展方向，我们认为可从以下三个层面大力推进我国社科类社团繁荣发展。

一、做好两个兼顾：做强政府，做强社会

目前，我国“大政府、小社会”的社会格局基本未变，政府依然是引领社会发展的主导力量，因此，要实现社科类组织的繁荣发展，来自政府方面的助力在某种意义上比社团自身的努力更重要。

（一）加快政府简政放权，实现政社分开

“强政府，强社会”是今后我国经济社会发展的主流趋势，这已成为社会各界的普遍共识，所以要进一步加快政府简政放权，实现政社分开。简政放权既有利于创新和强化社会管理，也是增强政府治理、建设现代政府的内在要求，更是实现政社分开构建政府与社会组织合作共治的社会协同局面的前提。政府应主动从社团组织中退出，放开对社团组织在人事权、财政权等方面的控制，给予社团组织发展的主动权。首先，国家机关工作人员不应在社团内部任职，确实因特情况确需兼任社团领导职务的，必须按干部管理权限

进行审批；其次，党政机关要依法支持社科类组织自主开展活动，不得干预社团正常活动的开展；再次，政府不得干涉社团组织的人事安排和机构设置，社团领导层的安排应经过民主选举产生；最后，政府也应将原来对社团的管理职能逐渐转变为监督管理，积极为社团的发展壮大创造宽松环境。

（二）改变多头管理体制，实行归口管理

目前我国社科类社团实行的是“双重管理体制”，部分社团还是“三重管理”，这种管理体制既使社团面临“多头管理”，又使社团办事程序烦琐，因此，实行归口管理便是题中应有之义。归口管理是指国家将某一行业、某一系统直接纳入党和政府控制体系和管理框架之内，授权某一特定部门对该行业、该系统进行有效的业务指导和监督管理，确保该行业、该系统健康有序发展。实行归口管理是现代社会有效的管理方式。社科类社团作为社会组织的重要组成部分，既有民间组织的一般特性，又有鲜明的意识形态属性。因此，对社科类社团实行归口管理有利于将社科类社团纳入党和国家控制体系之中，既有利于维护与增强社会主义意识形态的主体地位，也有利于维护社会稳定、推进和谐社会建设。从实际情况看，各级社科联组织最适合对各类社科类社团进行归口管理。首先，要充分发挥各级社科联组织作用。社科联组织是在党委领导下，密切党和政府同社科类社团联系的桥梁，推动社科类社团健康有序发展具有重要作用。因而，应当明确授予各级社科联组织对社科类社团的管理权，具体负责社团工作的业务指导和监督管理。其次，适时建立中国社科联组织。由于国家没有成立中国社科联，各级地方社科联组织缺少明确的管理主体，在发展过程中出现组织不健全、业务工作流于形式、日常管理不到位等问题无法及时上报、解决，这对于社科类社团的发展是极为不利的。因此，成立中国社科联是适应形势发展需要的正确选择。应当赋予中国社科联“最高领导地位”，主要从事全国社科联组织业务指导工作，并协调各级地方社科联关系，建立起完整的社科社团组织体系。

（三）完善法律规章体系，实行依法治社

完备的社科类社团法律法规对于推动社科类社团健康有序发展具有积极的实践意义。但现实是，现有的关于社科类社团的法律制度并不健全，相关

规定与现实需要存在脱节现象，更重要的是，现阶段我国还没有一部专门规范社会组织的法律，使依法管理社科类社团变成按条例规章管理社团。这就使社团的权益得不到有效的法律保障，也使社团日常工作的开展得不到法律遵循。因此，立法机关必须加紧社会组织方面的立法，使社科类社团的性质、地位、宗旨、业务范围、管理体制、经费来源等都能在法律层面上得以确认，从而使社团的运作及管理部门对社团的管理有法可依、有章可循。

一是迫切需要出台《社会组织法》，完善制度体系。在推进国家治理现代化进程中，社科类社团作为公民自我管理、参与社会治理的一个重要主题，纳入法治框架是题中应有之义。而且，党和政府也意识到其重要性。党的十八届四中全会要求加强社会组织立法，规范和引导各类社会组织健康发展，发挥社会组织在法制体系中的积极作用。然而由于突出了登记管理等程序性规定，社科类社团在实体上的权利、义务、地位以及作用均未得到明确。因而当务之急是出台《社会组织法》，使社科类社团有法可依。

二是降低准入门槛。随着治理结构的多元化，单一的门槛并不能真正控制社科类社团的发展，过高的设立门槛只可能导致社科类社团畸形生长，无法从根本上遏制其不良运转。2013 年，《国务院机构改革和职能转变方案》规定，成立行业协会商会类、科技类、公益慈善类、城乡社区服务类等四类社会组织，可直接向民政部门依法申请登记。之后，各地开始针对直接登记制度展开探索，例如安徽省《关于加强和创新社会组织建设与管理的意见》明确，除了政治法律类、宗教类的社会组织和境外非政府组织在皖代表机构外，其他各类社会组织按照分级负责的原则，由各级民政部门实行直接登记。因此，除针对社会、经济以及政治等方面的社科类社团采取特别的审批程序之外，其他具备法律规定设立要件的社科类社团，则可考虑在审批程序上进一步简化。

三是进一步完善监管制度。完善的制度环境有利于社科类社团的作用发挥。为了防止“一放就乱、一乱就收，一收就死”的恶性循环，必须注重过程监管，加强对社科类社团日常活动的持续监管，形成完备的事前、事中、事后监管制度。一方面，要强化社科类社团的年检效果、简化年检程序，不能让年检走形式；另一方面，要以《社会组织评估管理办法》为基础，建立更加科学的指标体系，完善社科类社团评估制度，真正实现从“身份控制”到“行为监督”

的重要转变。

（四）加强资金管理力度，引导良性发展

目前，我国社科类社团普遍面临着资金匮乏、政府扶持力度不足、内在发展动力缺失的困境。资金上的限制导致越来越多的社科类社团难以为继。因而，引导社科类社团走上良性发展道路，必须要解决社团资金问题。第一，政府应给予社科类社团适当的税收优惠。一方面，对社团本身减免税收，把社科类社团是否进行市场性活动，是否从事商业化行为，是否以营利为主要目的等作为依据，对社科类社团进行区别对待；另一方面，对向社科类社团提供捐款的组织和个体减免税收。德国对从事公益活动的社科类社团的管理方式启发我国政府首先应当明确划分社会公益领域，对在公益领域捐款的组织和个人推行公益捐助减免税收制度。捐款主体是组织也好，是个人也罢，只要能够充分证明该笔款项是公益性捐助，则对捐助部分免去组织所得税或个人所得税。不夸张地说，政府通过制定税收减免政策，将为社科类社团的发展提供有力支持。第二，加大政府财政拨款力度。政府应及时调整财政支出结构，推动资金分配向社科类社团倾斜，并设立政府专项资金，使政府财政更多地涌向社科类社团。当然，在具体操作工程中不能盲目，必须遵循适当原则。首先，政府应综合考虑经济发展同社会建设的实际需要，以及社科类社团自身能力建设、业界认可程度、社会评价结果等因素，对社科类社团进行分级扶持。其中，发挥主导作用的社科类社团是扶持的重点。其次，社科类社团的申请内容、政府专项资金的分配标准以及社科类社团资金使用情况等信息要通过适当方式定期公开，接受政府和社会的广泛监督。最后，通过专项资金扶持，充分发挥资金激励效应，资金使用应体现预期产出、预期效果、服务对象或项目受益人满意程度等绩效目标，从而培育发展一批符合国家规划布局、社会需求高、影响力大、品牌效果突出的社科类社团。第三，加大政府购买公共服务力度。政府要出台购买社科类社团学术报告、政策建议等研究成果的具体措施，激发进行精神产品生产的热情，提高社团工作积极性。政府购买公共服务包含政府将自身部分职能转移至社科类社团和向社科类社团购买政府目前尚未提供的服务两个部分，并且一般采取“公开招标、合同运作、项目管理、评估兑现”的具体措施进行外包。最终承接公共服务的社科类社团是

在市场的激烈竞争中优胜劣汰的理性选择。不论是社会认同还是自身能力，都具有相当大的优势。

（五）积极创造有利于社科类社团发展的政策环境

各级领导和管理部门要充分认识到，社科类社团是繁荣发展哲学社会科学的重要组成部分。社科类社团、高校、科研单位在发展社会科学中各有优势。社科类社团具有群众性和广泛性的特点，会员覆盖“五路理论大军”，在传播科学理论、繁荣学术文化、弘扬科学精神、普及科学知识、提供精神动力、更新思想观念以及激发人们创新活力、提高改革承受力方面，起着其他部门、单位难以替代的作用。近年来，政府在社会科学资源配置上比较重视高校、科研单位，重视专家、学者个人的科研成果及其职称评定，而对社科类社团则没有政策倾斜，只有严格管理，缺乏应有扶持，以致出现了社科类社团日益边缘化的趋势。特别是20世纪90年代后期以来，政社分开，把社科类社团与其他社团一样推向社会、推向市场、推向民间，学会等社团因此陷入生存和发展的危机。我们认为，社科类社团与其他行业性社团、经济性社团、联谊性社团不同，有着明显的特点：社科类社团是学术性社团，其主要活动内容是学术研究和学术交流，学术社团很难靠经济创收来维持活动。因此，政府要充分认识到社科类社团在新形势下在国家政治建设、经济建设、文化建设、社会建设和党的建设中的重要作用，特别是对国家意识形态发展所具备的重要作用；其次，要把社科类社团放在与行业协会、社区民间组织和民办非企业单位同等甚至更重要的位置加以培育。

二、发挥枢纽型组织功能：社科联的建设与发展

社科联是党委领导下的学术性群众团体，是社科类团体的管理、指导、协调和服务机构，其具体职能有四：一是在党和政府联系社会科学工作者方面发挥桥梁纽带作用；二是在组织学术研究和参与决策方面发挥组织协调作用；三是在促进社科研究成果社会化方面发挥咨询服务作用；四是在帮助干部群众增强理论素养方面发挥宣传普及作用。当下，各级社科联作为社科类社团具体的业务管理部门，应从以下几方面努力推动社科类社团的发展。

（一）理顺管理机制

省委在对省社科联机构改革的“三定”方案中明确规定，省社科联负责省级社会科学类学会、研究会、协会组织、协调、管理和指导工作。但目前社科联的 183 个团体会员中仍有十几个社团属其他厅局主管，这些社团又申请加入省社科联作为联系会员，这种社团管理上的二重性不利于对学会实行统一管理和科学指导，尤其不利于学会活动的横向联合和协作，因此建议统一为一个业务主管单位。其次，要明确学会挂靠单位的职责，挂靠单位要对学会加大支持和帮助的力度。虽然《社会团体登记管理条例》并不要求学会必须有挂靠单位，但从我国国情和学会实际情况看，这种挂靠制仍是一种现实的实际需要。因此，应进一步明确规定挂靠单位与学会之间相应的责任和义务，以此促进社科类学会的发展。

（二）推进社团间的交流合作，整合社科资源和力量

社科联要充分发挥自身桥梁纽带作用，积极推进各社团间的合作交流。通过组织社团间学术成果的交流、社团管理经验与发展经验的交流或者研究领域的相互合作等，综合各社团的成功经验，整合各社团的优势资源，形成结构优化、分工协作、优势互补的良好局面，推动社科类社团的共同发展。同时，还需要加强与拓展社科类社团参与决策咨询服务的有效途径。建立社科类社团向党政机关提供咨询报告、政策方案、规划设计、调研数据、意见建议的制度化渠道。涉及公共利益的立法、规划、政策的制定和修订，涉及人民群众切身利益的决策事项，可以通过举行听证会、座谈会、论证会等多种形式，听取社科类社团的意见和建议。发挥社科类社团的优势，委托社科类社团评估政策实施效果、评估预算决算执行效果、评估政府绩效。探索建立决策部门对社科类社团咨询意见的回应和反馈机制，促进政府决策与社科类社团建议之间良性互动。鼓励社科类社团共享发展成果。

（三）设立社会科学社团发展与管理基金

扶持马列、科社等一大批基础学科类学会的建设与发展。这一基金可由省政府逐年拨款累积形成，委托省社科联予以规范管理使用。我们认为，这

是建设具有中国特色社会科学的必要举措，也是全面繁荣发展我省社会科学目标服务的重要举措。马列主义、毛泽东思想、邓小平理论、“三个代表”重要思想是社会科学的灵魂，同时是社会科学研究的对象，构成了社科类学会的核心，也是中国社会科学社团区别于外国社会科学社团的显著特征。毫无疑问，辩证唯物主义、历史唯物主义、科学社会主义之类的学会，具有明显的意识形态功能；这类学会不能完全推向市场，推向民间。如果这一类的社团不能得到政府的保护与政策的支持，我们将贻误社会组织发展的大好时机。

（四）完善组织的评价机制

社科联在履行管理和指导职能中的一个重要抓手就是建立健全开展社团活动的评价机制，主要包括认证评价、执行评价、监督评价以及等级评价。一是认证评价。根据一系列具体的评判标准对社科类社团的能力、资质进行评估，决定是否赋予该社团从事某项学术活动或研究项目的资格。所有交由社科类社团承办的工作都要严格遵照“能者上，庸者下”的规则选择承接主体，以优化社会资源配置，最大限度发挥社团作用。二是执行评价。考察社科类社团是否具有完备的组织制度体系，是否具有细致的工作安排，是否能够及时有效地完成分配任务。三是监督评价。根据社科类社团在承办项目时的具体表现，尤其是在项目进展速度、预期目标完成程度等方面，对社科类社团的实际能力做出科学合理的评价。四是等级评价。以量化的标准为依据，对社科类社团的综合实力评定等级。但在评定过程中不能过于片面，要注重考查的全面性，可以适当参考外部评价体系，力求评定工作客观、公正、科学。

（五）启动问责机制

在履行社会服务功能、承办各种社会活动时，社科类社团相应地承担保障社会效益实现的责任。因而，作为主管部门有必要重视建立对社科类社团的问责机制。对积极履行职能、主动开展活动、有力实现预期目标的社科类社团给予一定奖励；对消极怠工，未能及时完成既定任务的社团予以惩处。问责主体包含三个方面，既是政府的问责，又是各类社会组织的问责，也是社会公众的问责。首先，社科类社团为党和政府决策提供咨询服务，所提建议的质量优劣直接影响政府政策的科学程度，关系到“善治”目标的实现与否。

社科联通过监督社科类社团职能发挥，评估社团活动对社会发展的实质作用等形式，对社科类社团进行问责。如果社科类社团不能保质保量地完成政府分派任务，社科联可采取具体措施，如减少对该社团的资金扶持，给予公开批评并通报社会，取消其活动承办资格等，施以惩戒。其次，鼓励各类社会组织对社科类社团进行监督、问责。社科类社团所承办的活动大都具有专业特性，只有借助社会组织自身力量，才能对社科类社团具体工作进行有效监控，及时发现操作过程中存在的问题和不足，提出改良意见，促使其提高活动质量。在社会组织体系中，任何一个社团的地位都取决于全部社会团体对它的认同程度。一旦启动社会组织的问责程序，社科类社团将面临不被业界所承认的危险，这对于社科类社团自身发展而言是毁灭性的打击。最后，发动社会公众以亲身体验为标准，对社科类社团实施问责。社会公众是社科类社团开展活动的最终受益对象。社团活动是否有意义，对社会发展是否产生效果，社会公众最具发言权。如果社科类社团能够得到社会公众的普遍认可，说明它较好地完成了其社会责任；反之，则需要进一步规范社团工作，转变工作理念，督促其切实履行社会服务功能。

（六）重视加强社团党建工作，坚持党性原则

党中央在《中共中央关于加强和改进新形势下党的建设若干重大问题的决定》中明确指出要“加大在中介机构、协会、学会以及各类新社会组织中建立党组织力度。以党的基层组织建设带动其他各类基层组织建设，活跃基层，打牢基础”。社科类社团所具有的鲜明的意识形态属性，使之成为我国意识形态建设与党的思想理论建设的重要领域。因此，社科类社团要始终把坚持党性原则作为自身建设的一大着力点，要始终同党中央保持高度一致，始终坚持党性和人民性的统一，始终巩固和发展马克思主义理论思想阵地，在研究和宣传党的理论和路线方针政策、抵御西方资产阶级价值观方面有新的作为。具体而言，应着重做好以下几方面的工作。

首先，牢牢把握正确政治方向，坚定正确政治立场。坚定正确政治立场是社科类社团坚持党性原则的重要前提。习近平同志指出，坚持正确的政治路线、政治立场、政治方向、政治道路，是坚持党的领导、坚持社会主义制度的头等大事。当前，社科类社团要坚定宣传中国特色社会主义理论和党的路

线方针政策，坚定宣传党中央有关工作的重大部署，坚决同党中央保持高度一致，坚决维护党中央的领导权威；同时要认真学习贯彻党中央的路线、方针、政策，正确认识和坚定维护党和国家的工作大局、改革发展稳定大局、党的领导和社会主义政权安全大局、全党全国团结大局，自觉在大局下想问题、做工作，坚定为实现党的总任务而奋斗，确保社科类团体的政治素养与十八大精神相一致；要正确区分学术问题和政治问题的界限，既不要把学术探讨中出现的问题当作政治问题，也不要把政治倾向性问题当作一般学术问题，严格用党的政治纪律约束重大的理论宣传和理论探讨，在敏感问题上旗帜鲜明地坚持党的政治方向和根本原则，时刻当好党的理论观点的正面宣传者和正能量的凝聚者。

其次，积极推进社会主义核心价值体系建设。推进核心价值体系建设是社科类社团坚持党性原则的又一重要要求。社会主义核心价值体系决定着中国特色社会主义发展方向，社科类社团对于推进社会主义核心价值体系建设具有责无旁贷的责任。社团应认真贯彻十八大报告关于深入开展社会主义核心价值体系学习教育的要求，用社会主义核心价值体系武装自己，引领社会思潮、凝聚社会共识，深入开展社会主义核心价值体系宣传教育研究，把弘扬社会主义核心价值体系，贯穿于学术研究、学术活动、科学普及、政策咨询等研究活动之中，积极宣传社会主义核心价值体系的系列内容，增强其在意识形态领域的正能量；要针对西方敌对势力对我实施“西化”“分化”的图谋，紧密联系我国社会生活各种思想文化相互激荡的实际，抓住每个时期的社会思潮和意识形态的突出噪音，有针对性地开展理论研究，针锋回击反动势力的恶意扰乱，有力批评空想激进思潮的负面影响，分清是非曲直，说服教育群众，提振社会信心，凝聚社会力量。

三、激发自组织发展：定位、能力与人

准确把握自身定位和建立良性机制，是社科类社会组织健康持续发展的重要保证。每个社科类社会组织的工作职能都既有社科类社会组织的共性，又有特殊性。能否准确把握自身的发展目标和工作任务的科学定位，直接关系到社科类社会组织的发展。在此，主要需要思考和解决好四个问题：一是

愿景目标定位，即明确自己的组织是做什么的、以什么为最终发展目标；二是价值取向定位，即明确自己的组织为什么存在、什么最重要，也就是核心价值观的问题；三是运行机制保障，主要解决如何可持续发展，也就是造血机能的问题；四是领导团队建设，打造一个具有良好政治素质、创新意识、大局视野的团结高效的领导班子，是社会组织健康发展的关键。

（一）构建社团的组织文化体系

做好愿景目标定位和价值取向定位学会的前提是组织形成有自己的文化体系。组织文化是组织在建立发展过程中形成的特有的思想、意识、观念等意识形态和行为模式。组织文化的核心是价值观念，它对组织文化的性质起着决定性的主导作用，组织的价值观是一个组织的基本概念和信仰，是全体组织成员“共同的心理程序”。社科类社团的领导者应积极塑造社团的价值观，价值观念一经形成，它就以相对定型的观念模式存在、影响或规范着组织认识和实践活动的指向，抑制或推动着组织活动的发展，这是社科类社团建立自己的愿景目标，形成自己的价值取向的思想保障。

对社科类社团来说，在愿景目标上建议建立“顶天立地”的战略思维。所谓“顶天”，就是要服务于国家战略需求。只有紧紧围绕国家发展的大政方针和重大需求，与时俱进，才能最大限度地体现社科研究的价值，社团的智库角色也才会有活力。所谓“立地”，就是要服务于地方发展需要。除了服务国家需求，社科类社团更需要以问题为导向，突出问题意识，坚持需求牵引，善于敏锐地发现地方社会发展热点难点、重大现实问题，提出问题、直面问题、研究问题、回答问题，并能够针对问题开展全局性、战略性、前瞻性的研究，提出有效的对策建议，对所在地域的经济社会发展需要积极献策，这不但是全方面落实“四个全面”战略的基本要求，也有利于社企合作、社校合作、互利共赢。

（二）打造五大能力

我们把社科类社团建设的核心能力分为把握方向、学术创新、凝聚人才、诚信自律、自我造血五种能力。

第一是把握方向的能力。社会科学鲜明的意识形态属性要求社科类社会组织，一定要把握好政治方向、学术方向和服务社会的方向。要坚持用发展着的马克思主义指导哲学社会科学，始终坚持正确的政治方向；坚持严谨治学、实事求是、民主求实的学风，加强学术道德修养，坚持正确的学术方向；结合实际，开展政府和社会需要的重点、热点、难点问题研究，坚持为人民服务、为社会主义服务的"二为"方向。坚持正确的政治方向和学术导向，是社科类社会组织健康发展的重要前提。哲学社会科学鲜明的意识形态属性要求社科类社会组织必须把握正确的政治方向和学术导向，坚持鲜明的价值取向，绝不能搞指导思想的多元化，这是一条刚性原则。社科社会组织在各种学术研究和学术活动中，只有自觉地坚持运用马克思主义的立场、观点、方法指导我们的工作，才能够充分发挥哲学社会科学不可替代的社会作用，才能够保证自身和哲学社会科学事业的健康发展。

第二是学术创新能力。就当代中国而言，创新性不足、原创性匮乏是人文社会科学的软肋，社科类社团的研究并没有给全社会树立起思想的高度、精神的水准和令人敬仰的学术形象。社会科学研究没有自然科学那样的门槛，仿佛人人都可以是人文社会科学工作者。由于研究对象的开放性、低门槛以及标准的模糊性，社会科学的科学性容易被淹没，科学精神容易被销蚀。这也是当今人文社科研究价值被忽视的重要原因。人人都行，也就等于人人都不行。因此，社科类社会组织肩负着推动社会创新发展和自身创新发展的双重使命。一方面，时代要求社科类社会组织坚持与时俱进，大胆开展理论创新，不断丰富学术活动的内容，正确回答社会实践提出的重大理论与现实问题，在回应社会需求中体现哲学社会科学的价值与理论的力量；另一方面，社科类社会组织要在服务社会中，建立特定的标准、规范和运行机制，与相关领域和行业有所区别，在专业的学习、传承和训练基础之上不断创新自身发展模式，增强引领学术繁荣的能力，在不断创新发展中体现自身价值，得到社会认可，获得新的发展空间。学术创新能力能够不断推出本学科具有前瞻性、引领性的优秀学术成果，充分发挥社科类社团在本学科的影响力。社科类学会组织要整合社会各方面的力量，引导和协调专家学者围绕学科建设、学术前沿，围绕党和国家发展大局、经济社会发展中的重大理论与实际问题，组织开展好基础研究和应用研究，同时搭建好各种研究平台、学术交流平台、成果转化平台、成果展示平台，努力塑造学术创新、理论创新和决策咨询的服务品牌。

三是凝聚人才的能力。人才是社科类社团发展最宝贵、最重要的战略资源，一个社科类社团如果没有优秀的学术人才，就难以举办有影响的学术活动，难以推出有分量的研究成果，难以发挥引领作用。社科类社团要努力成为发现人才、培养人才、凝聚人才、整合资源的平台，形成既能有效整合资源又能充分发挥各方面积极性的调控机制，为我省科学发展提供强有力的智力支撑。社科类社团要吸引和团结一批热爱社团工作、有奉献精神、有较强专业研究能力的积极分子作为社团中坚力量；凝聚高等院校和科研机构的专家学者，提高社团的学术研究能力和学术水准；吸收聚集有广泛社会影响的人员，打好社团人才基础，使社团成为富有凝聚力的人才聚集地。

四是诚信自律的能力。与自然科学不同，社会科学的实验和量化评定有一定的局限性，因而社科类社会组织的活动强调诚信自律。折射到社会科学理论创新、成果推出以及成果转化应用过程中，折射到社科类社会组织建设管理过程中，就是大量的软约束，就是建立在诚信守法基础上的自律。社科类社团要树立“自律为发展之道，诚信为立会之本”的理念，坚持依法办会、依法办事，争做守法模范；苦练内功，完善诚实守信，推行承诺服务；坚持以人为本，承担社会责任，树立社科类社团良好的社会形象，实现自我约束、自我管理、自我教育、自我服务。

五是自我造血能力。自我造血能力是社科类社团实现独立发展、可持续发展的基本保障。社科类社团要更新观念、不断调整，充分有效地整合社会资源，紧紧围绕学科领域和现实生活中的重点、难点和热点问题，依靠组织内聚集的专家学者积极开展社会科学知识咨询服务活动，通过接受委托、竞标等方式承担课题项目、不断增强自我发展的造血机能，为自身的健康持续发展提供坚强支撑。

（三）重视学术领导集体的选拔和培养

构建一个富有战斗力、领导力、影响力的学术领导集体是推动社科类社团的核心所在。俗话说：“火车跑得快，全靠车头带。”社科类社团的领导核心包括会长和秘书长。会长是社团的主要负责人，承担着领导社团全面工作的重任。秘书长则是社团开展日常工作和活动的直接领导者。会长和秘书长的能力高低，素质好坏直接影响社科类社团的发展。因此，要尤其重视会长和秘书长的选拔机制和培养机制，不断提高学术领导团队科学研判形势、准确把握政策走向、合理确定研究方向、积极链接社会资源以及创造组织社会影响力等多方面的能力，在高素质的领导团队下聚集起一流的专家队伍，使社科类社团各项工作更好地适应社会发展的需要。可以借鉴国外发达国家社科类社团领导体系，进一步深化社科类社团去行政化改革，把社团日常管理同学术研究、社会服务等功能相分离，依靠职业从业者管理社科类社团。正如湖南省护理学会秘书长黄艳萍表达的心愿："学会是适应学科研究及科学技术发展需要而产生和发展的，是以组织学术交流和研讨，活跃学术气氛、促进学科发展为根本任务的学术团体。我期望中的学会应是：一有较为充裕的经费支撑，经费来源应大部分来自国家和团体企业；二有相对独立的办事机构及和谐务实的工作班子；三有自己的培训交流基地，能为会员提供各种形式的培训；四有较强的影响力和凝聚力，会员能真正自愿入会。"

（四）扮演好党和国家重要的"思想库智囊团"

做好智库是我们社科类社团最重要的社会功能和社会角色。在今后的改革与建设中，社科类社团要加快中国特色新型智库建设，进一步走入社会改革的深水区，为党和国家科学决策、民主决策、依法决策提供智力支撑和思想资源。要坚持以马克思列宁主义、毛泽东思想、邓小平理论、"三个代表"重要思想、科学发展观为指导，深入贯彻习近平总书记系列重要讲话精神和治国理政新理念新思想新战略，牢固树立政治意识、大局意识、核心意识、看齐意识，统筹推进"五位一体"总体布局和协调推进"四个全面"战略布局，以服务党和政府决策为宗旨，以政策研究咨询为主攻方向，遵守国家宪法、法律和行政法规，强化政治责任和社会责任，确保社会智库沿着正确方向健康发展，更好地服务党和国家工作大局，为实现中华民族伟大复兴的中国梦提供智力支持。要深入研究经济社会协调可持续发展，工业化与城镇化协调发展，农业现代化与粮食安全，就业与社会保障格局等重大问题。深入研究民族问题发展态势、边疆地区稳定与发展、宗教问题与社会和谐、文化和意识形态安全、国际关系和国际战略等重大问题，推出高质量研究成果，提出切实有效的对策建议。整合全省信息资源，建立专门信息研究平台，围绕党和国家中心工作，及时收集、编选和报送对政府决策具有重要参考价值的资料信息。

大力加强国情省情调研工作，选取对党和国家决策有重大意义的问题，进行深入扎实的调查研究，向政府提供有重要价值的调研成果，使国情省情调研成为发挥社科类社团的思想库和智囊团作用的重要渠道。

（五）形成依法治社的常规化管理机制

党的十八届四中全会强调要加强社会组织立法，规范和引导各类社会组织健康发展，发挥社会组织在法制体系中的积极作用。在 2016 年《政府工作报告》中又再次要求“依法规范发展社会组织”，表明社会组织应当纳入到法治框架之中，树立社团治理法治观念。因此，社科类社团需要积极主动地开展社团活动，努力营造良好的法治氛围，争取立法机关的支持，着力打造“有法可依，依法活动”的法律环境，加快法律制定进度，推动社科类社团法律保障体系建设，改善现行体制的不足。此外，社科类社团应该着力于自身制度建设，不断完善社团组织管理体系。既要树立经济理念和经营意识，积极参与社会竞争，发展社团经济，增强自主能力，又要建立健全以人事制度、财务公开制度、工作监督制度为核心的组织管理制度体系；既要加强社科类社团学术研究能力、自主创新能力建设，又要充分实践社团独立地位，合理用好社团一定的自治权力，切实发挥社科类社团对社会事务的管理作用。

四、营造学术环境：中国风格、创新精神、跨越发展

社科类社团作为国家重要的理论阵地，还是集中着一大批优秀人才，可为什么近些年来没见出多少有影响、有定评的著作和文章？这涉及一个宏观的问题，即人文社会科学发展除了有人、有钱、有载体之外，还要求有一个良好的学术发展大环境。要解决社科类社团发展中的各种桎梏与面临的各种危机，必须先从勃兴人文社科、重振人文精神、重建良好的人类精神家园开始。

习近平同志在哲学社会科学工作座谈会上的讲话，是指导我国加快建设中国特色哲学社会科学的纲领性文件。习近平同志在讲话中指出，哲学社会科学是人们认识世界、改造世界的重要工具，是推动历史发展和社会进步的重要力量，其发展水平反映了一个民族的思维能力、精神品格、文明素质，体现了一个国家的综合国力和国际竞争力。这段话深刻阐明了一个国家的哲学

社会科学与历史经济社会发展的辩证关系。一方面，人类社会每一次重大跃进，人类文明每一次重大发展，都离不开哲学社会科学的知识变革和思想先导；另一方面，一个国家没有强大的综合国力和国际竞争力，也不可能具有强大的哲学社会科学。党和国家的最高领导人，如此全面地、系统地阐述我们党和国家在当前和今后相当长一个时期内繁荣和发展哲学社会科学的历史方位、战略构想和方针政策，这还是第一次。

面对新挑战新要求，我国哲学社会科学明显存在理论储备不够、能力不足、针对性不强等问题。课题研究低水平重复的多，真正推动理论和实践创新的少；短平快的研究多，对中长期重大问题的研究少；单一学科视角的研究多，跨学科的综合研究少；寓于书斋的研究多，基于调研的有针对性的研究少。重视科研成果数量而忽视质量，片面地以发表论文数量论英雄的情况相当普遍的存在；科研领域有高原而缺乏高峰、有专家而缺少大师的情况相当普遍的存在；在研究过程中忽视理论与实践的结合、忽视为人民做学问的问题普遍存在。这些问题都反映在社科类社会组织、科研机构的工作中，需要营造更科学、更丰富多元的学术发展的氛围，为社科类社团的全面提升提供新的动力。

围绕中国政策精神与哲学社会科学改革的意见，推动我国我省的社科类社团走向创新，需要构建人文社会科学发展的新格局。

（一）建设具有中国特色、中国风格、中国气派的哲学社会科学

正如习近平同志所说，当代中国的伟大社会变革，不是简单延续我国历史文化的母版，不是简单套用马克思主义经典作家设想的模板，不是其他国家社会主义实践的再版，也不是国外现代化发展的翻版，不可能找到现成的教科书。我国哲学社会科学必须充分体现中国特色，就是以马克思主义特别是中国特色社会主义理论体系为指导，继承中国优秀文化成果，扎根中国现实土壤，回答和解决中国问题。必须充分体现中国风格，就是注重实践、贴近生活，百家争鸣、各展所长，历久弥新、简约深刻。必须充分体现中国气派，就是体系完备、科学严谨，领先时代、高瞻远瞩，博大精深、兼收并蓄。中国的哲学社会科学应当体现鲜明的时代精神和厚重的民族精神，与中国国情相结合，与党和国家的工作大局相结合，牢固树立自己的核心价值和话语体系。

我们要按照习近平同志的要求，加强对改革开放和社会主义现代化建设实践经验的系统总结，加强对发展社会主义市场经济、民主政治、先进文化、和谐社会、生态文明以及党的执政能力建设等领域的分析研究，加强对党中央治国理政新理念新思想新战略的研究阐释，提炼出有学理性的新理论，概括出有规律性的新实践。

（二）推动不同学科体系的建设与发展

习近平同志指出，当代中国正经历着我国历史上最为广泛而深刻的社会变革，也正在进行着人类历史上最为宏大而独特的实践创新。这种前无古人的伟大实践，必将给理论创造、学术繁荣提供强大动力和广阔空间。这是一个需要理论而且一定能够产生理论的时代，这是一个需要思想而且一定能够产生思想的时代。学科体系创新是哲学社会科学创新体系建设的重要基础和依托。在新的历史条件下，要遵循哲学社会科学学科发展规律，完善学科建设机制，优化学科结构，形成具有时代特点、门类齐全、结构合理、优势突出、立足国际学术前沿、适应国家经济社会发展需要的学科布局。也就是要着力推进学科体系创新，形成具有支撑作用的基础理论学科、具有较强优势的重点学科、具有重要现实意义的新兴学科和交叉学科，扶持具有重要文化价值的“绝学”和濒危学科，努力构建适合中国特色社会主义发展需要的学科体系；着力推进学术观点创新，提出有客观依据、经得起实践和历史检验的原创性学术观点；着力推进科研方法和科研手段创新，全面提高科研方法和科研手段的现代化水平。加强各社团的学部建设，充分发挥学部的学术引领和科研协调作用。加强科研人才队伍建设，产生更多学术大家，推出更多精品力作。

（三）建设有中国特色的理论学术传播平台和学术窗口

要加强学术名优平台建设，强化组织管理与创新，提高质量，传播交流最新学术成果。积极打造一系列重点实验室和大型数据库。推进中国哲学社会科学门户网站建设。加大对优秀学术期刊和优秀学术成果出版资助力度。做强国家级哲学社会科学专业图书馆和数字图书馆，构筑完整的国家哲学社会科学专业图书馆体系。分类支持具有重要导向力的学术社团和非实体研究中心。

总之，要按照立足中国、借鉴国外，挖掘历史、把握当代，关怀人类、面向未来的思路，着力构建中国特色哲学社会科学。就人文社会科学的现状和现实社会发展需求看，问题的核心是如何看待和维护人文社会科学的科学性，如何培育和守望人文社会科学的科学精神，如何尊重和发掘人文社会科学的真正价值。这是需要全社会共同关注的紧迫问题，比如政府应思考如何顺应当代社会发展趋势，总结历史经验教训，吸收借鉴发达国家的体制和做法，为人文社会科学发展营造更加宽松包容的环境；全社会应思考如何为人文社会科学发展形成良好的舆论支持和价值认同；作为人文社会科学工作者又如何克服物质主义、消费主义、依附主义的侵蚀，坚守科学价值和科学精神等。面向未来，我们要处理好人文社会科学研究中不同力量、不同要素之间关系，使之保持合理的张力，造就一批具有马克思主义理论素养、学贯古今中外、既有理论功底又有实践经验的思想家、理论家、学科领军人才和中青年学术骨干，构建中国特色的哲学社会科学学科体系、学术体系和话语体系，推进社科类社团的蓬勃发展。

参考文献

[1] 让・皮亚杰:《人文科学认识论》, 中央编译出版社 1999 年版。

[2] 尤西林:《人文学科及其现代意义》, 陕西人民出版社 1996 年版。

[3] 张澧生:《社会组织治理研究》, 北京理工大学出版社 2015 年版。

[4] 高宁、刘佳著:《社会组织的社会责任》, 山西人民出版社 2015 年版。

[5] 周俊著:《社会组织管理》, 中国人民大学出版社 2015 年版。

[6] 刘强:《新社会组织党建研究》, 中国社会科学出版社 2015 年版。

[7] 王名:《社会组织概论》, 中国社会出版社 2010 年版。

[8] 当代绿色经济研究中心:《发展社会组织服务社区治理》, 中国社会科学出版社 2016 年版。

[9] 余晖:《中国社会组织的发展与转型》, 中国财富出版社 2014 年版。

[10] 陈德权:《社会组织管理概论》, 清华大学出版社 2016 年版。

[11] 郑文范、赵宇:《国内外社科类社团发展与管理比较研究》,《学术交流》2008 年第 2 期。

[12] 湖北省社会科学界联合会:《湖北省社科类社会团体现状调查及其管理问题研究》,《学会》2007 年第 1 期。

[13] 福建省社科联学会部课题组:《积极扶持学会建设发展全面繁荣哲学社会科学》,《学会》2006 年第 8 期。

[14] 吴纪宁:《加强社科类学术性社会组织管理的几点思考》,《中国社会组织》2013 年第 12 期。

[15] 骆树森、廖翔:《"和谐管理"与提高社科类社团活动质效分析》,《中

共桂林市委党校学报》2013 年第 6 期。

[16] 赵宏伟、郗永勤:《科技类社团分类模式及发展路径探究》,《学会》2010 年第 8 期。

[17] 秦威:《理顺社团管理的一个有益探索》,《学会》2009 年第 4 期。

[18] 孙国庆:《论社会科学类社团管理体制的完善》,《行政与法》2007 年第 10 期。

[19] 郑文范、任大庆:《论社科类社团在建设创新型国家中的作用》,《科技进步与对策》2007 年第 11 期。

[20] 顾爱华:《论中国社会科学类社团的功能》,《理论探索》2008 年第 8 期。

[21] 顾爱华:《论中国社会科学类社团与其他社会组织的关系》,《理论界》2008 年版第 9 期。

[22] 孙录宝:《民办研究机构薪酬制度初探》,《山东行政学院学报》2014 年第 10 期。

[23] 许郭晋:《浅论社会团体对行政权力的制约》,《法制与社会》2008 年第 1 期。

[24] 任银睦、姚新平、纪云华:《青岛市社科类社团发展状况调研》,《东方论坛》2011 年第 11 期。

[25] 魏桥:《社会科学工作者的职业道德》,《探索》1987 年第 1 期。

[26] 沈谦芳:《社会科学工作者面临的挑战和历史使命》,《江西社会科学》2000 年第 3 期。

[27] 张喜红:《社会团体与当代中国民主政治发展》,《长白学刊》2007 年第 3 期。

[28] 董瑞华、刘璇:《社会团体与我国的社会建设》,《天津行政学院学报》2009 年第 3 期。

[29] 刘益飞:《社会责任感:哲学社会科学工作者的立身之术》,《中共成都市委党校学报(哲学社会科学)》2004 年第 4 期。

[30] 孙录宝:《社科类社会组织薪酬制度初探》,《学报》2014 年第 5 期。

[31] 孙录宝:《社科类社团的社会责任及其实现机制研究》,《社团管理研究》2012 年第 12 期。

[32] 顾爱华:《社科类社团与其他社会组织关系的战略思考》,《社团管理研究》2009 年第 3 期。

[33] 周良发:《社科普及研究中需正视的几个问题》,《连云港师范高等专科学校学报》2015 年第 9 期。

[34] 王志涨:《社科社团是新型社会智库建设的主力》,《重庆社会科学》2015 年第 9 期。

[35] 吴重会:《社团组织的创新与发展》,《企业文明》2014 年第 1 期。

[36] 四川省社科联学会部课题组:《四川省社科类学会发展现状、问题及对策建议》,《学会月刊》2003 年第 8 期。

[37] 江晓珊:《提升福建省社科类学会在海西建设中的作用和地位》,《学会》2010 年第 7 期。

[38] 杨清明:《我国社科类社会团体发展的制度探析》,《重庆社会科学》2015 年第 5 期。

[39] 杨光锦、周健:《我国社科类社团生存发展问题探析:资源、依赖与控制》,《学理论》2011 年第 12 期。

[40] 夏东荣:《协作:学术社团创新发展之路》,《社会科学论坛》2015 年第 12 期。

[41] 蔡侠、弗止:《新生态环境下社科类学会的功能定位与功能培育》,《南通大学学报》2009 年第 3 期。

[42] 徐兴华:《学会的使命及其管理》,《学会月刊》2004 年第 12 期。

[43] 叶亮军:《学会发展模式研究》,《学会》2009 年第 5 期。

[44] 马凤云:《学会管理中制度的保障作用》,《学会月刊》2004 年第 12 期。

[45] 学术性社团的功能与设立标准专题调研组:《学术性社团的功能与设立标准调研报告》,《学会》2005 年第 3 期。

[46] 刘德龙:《一本研究总结中国社科类社团管理理论与实践的好书——评〈中国社会科学类社团科学发展的战略选择〉》,《山东社会科学》2009 年第 12 期。

[47] 孙杰:《哲学社会科学工作者的崇高责任》,《理论研究》2004 年第 4 期。

[48] 徐炜:《北京市社科类学会组织的核心能力培养》,《社会组织培育与发展》2012 年第 3 期。

[49] 顾爱华:《中国社会科学类社团的内涵、特征与功能》,《中国行政管理》2007 年第 11 期。

[50] 徐建源、孙大伟:《中国社会科学类社团发展历史探析》,《党史纵横》2008 年第 1 期。

[51] 杨路平、周兆明、孙庆国:《中国社会科学类社团管理体制研究》,《山东社会科学》2008 年第 10 期。

[52] 杨路平、周兆明:《中国社会科学类社团现状及发展》,《理论界》2008 年第 1 期。

[53] 邓国胜:《中国社会团体的贡献及国际比较》,《中国行政管理》2006 年第 3 期。

[54] 杨路平、洪晓梅:《中国社科类社团法律制度研究》,《理论界》2008 年第 10 期。

[55] 杨路平:《中国社科类社团科学发展中的有关问题》,《社团管理研究》2010 年第 9 期。

[56] 沈进建、邹青山:《中国新型智库建设的内涵》,《经济论坛》2015 年第 11 期。

[57] 杨文博:《转型时期民间智库发展与社科类社团建设关联性研究》,《云南社会主义学院学报》2014 年第 2 期。

[58] 卢海燕:《转型时期中国社团问题探析》,《理论探究》2005 年第 1 期。

[59] 朱培蕾:《组织性质、政社关系与发展空间》,《福建论坛(人文社会科学版)》2010 年第 4 期。

[60] 王振海:《社会组织发展与国际治理现代化》, 人民出版社 2015 年版。

[61] 李璐:《社会组织参与社会管理研究》, 中国计划出版社 2015 年版。

[62] 乔东平:《政府与社会组织的合作模式、机制和策略》, 华夏出版社 2015 年版。

[63] 徐丹:《社会组织参与美国社区治理与经验与启示》, 中国经济出版社 2016 年版。

[64] 陈志卫:《现代社会组织与社区社工实践研究》, 浙江大学出版社 2015 年版。

[65] 马庆钰:《治理时代的中国社会组织》, 国家行政学院出版社 2014

年版。

[66] 马庆钰:《社会组织能力建设》, 中国社会出版社 2011 年版。

[67] 张向前:《中国社会组织经济社会贡献力研究》, 光明日报出版社 2015 年版。

[68] 李永忠:《中国社会组织发展研究》, 中国书籍出版社 2012 年版。

[69] 徐顽强、王守文:《解析社会组织》, 湖北人民出版社 2012 年版。

[70] 庞承伟:《社会组织发展理论研究与实践探索》, 中国社会出版社 2013 年版。

[71] 邱梦华:《农民合作与农村基层社会组织发展研究》, 上海交通大学出版社 2014 年版。

[72] 姚春敏:《清代华北乡村庙宇与社会组织》, 北京人民出版社 2013 年版。

[73] 王利军:《社会组织建设的法治化途径》, 中国检察出版社 2013 年版。

[74] 杨道波:《公益性社会组织约束机制研究》, 中国社会科学出版社 2011 年版。

[75] 庞承伟:《社会组织行政执法》, 中国社会出版社 2011 年版。

[76] 徐家良:《社会组织的结构、体制与能力研究》, 中央编译出版社 2012 年版。

[77] 孙伟林:《社会组织管理》, 中国社会出版社 2009 年版。

[78] 刘春湘:《社会组织运营与管理》, 经济管理出版社 2016 年版。

[79] 李建辉:《社会组织的实践与感悟》, 中央文献出版社 2010 年版。

[80] [英] 理查德·惠特利:《科学的智力组织和社会组织》, 北京大学出版社 2011 年版。

[81] 葛延风:《社会组织建设现实、挑战与前景》, 中国发展出版社 2011 年版。

[82] 谭三桃:《从组织建设的角度看社会科学院新智库建设的路径选择》,《学术论坛》2013 年第 12 期。

[83] 陈媛:《当前我国社科类社团发展现状、困境和对策解析》,《学理论》2013 年第 11 期。

[84] 湖南省科协学会部:《对于学会工作的感想与期望》,《学会》2009 年

第 3 期。

[85] 邓有根:《多措并举加强社科类社会组织的自主创新能力》,《学会》2014 年第 1 期。

[86] 史秋秋:《关于社科类社会组织健康持续发展的思考》,《前线》2012 年第 11 期。

[87] 中国科协:《关于学会挂靠体质及办事机构改革的专题调研报告》,《学会》2005 年第 1 期。

[88] Andrew Downs、李鉴修:《关于智库作用的观察报告》,《经济论坛》2015 年第 11 期。

[89] 肖波:《贵州省社科类社团管理研究》,《科教导刊》2012 年第 12 期。

附录 1

关于湖北社科类社团现状与发展的访谈提纲

时间:__________　　地点:__________　　参加人:__________

1. 本会（所）成立的时间、起源是什么？哪位人物或者事件起到了重要的影响？

2. 本会（所）经历了怎样的发展阶段？在发展过程中有哪些重要的事件或者活动具有一定的社会意义和影响力？

3. 本会（所）发展中受到了哪方面的支持、限制或者影响？（国内外环境、政策、政府、企业、资金、人员、媒体等）

4. 本会（所）的主要社会功能是什么？在哪些方面得到了展现？还存在哪方面的不足？

5. 本会（所）的组织结构是如何构成的？组织建设中的关键因素是什么？工作机制是怎样的？

6. 您认为作为社科类社会组织应该如何发展与建设？还需要哪方面的支持？

7. 目前组织的会员构成、会员来源（身份）、团体单位与个人数目，如何管理？会员职责与权利为何？

8. 挂靠单位和业务主管单位是哪里？与挂靠单位或业务主管单位关系如何？判断是否具有政府主导性？与挂靠单位关系发生了什么变化？

9. 资金来源是哪里（政府拨款、慈善捐助、个人捐助、会费或是其他）？经费使用和管理方式是什么，存在的问题？

10. 主要业务有哪些？日常管理与运作是怎样的？

11. 准市场化运作、政府购买服务情况、企业购买情况。

12. 学术交流情况。

13. 社会服务情况。有哪些方式的社会服务（培训、宣传、讲座、刊物、课题等）？产生了怎样的社会影响？

14. 参政议政、决策咨询功能。政策建议、咨询意见采纳情况。

附录 2

社科类社团调查问卷

问卷编号____________

（说明：⑴问卷中的“你会”指的是：协会、学会、研究会、民办社科研究机构；⑵问卷中的多项请在相应的选项上划√）

您好，我们是湖北省非营利组织研究中心人员，受湖北省社科联委托开展湖北省社科类社团发展状况调查工作。十分感谢您抽出时间来填写这份问卷调查，请根据你会的情况如实填写，谢谢合作！

请完整填写你会名称:______________________________________

请完整填写你会地址:______________________________________

联系方式:____

请完整填写你会网站地址:__________________________________

A. 基本情况

A1. 你会经业务主管单位批复成立的时间是:____________

A2. 你会在登记管理机关成立登记的时间是:____________

A3. 会长姓名:________　　年龄:____　　政治面貌:____________

A4. 秘书长姓名:________　　年龄:____　　政治面貌:____________

A5. 你会现有常务理事人数____________

A6. 你会现有理事人数____________

A7. 你会是现在是第几届理事会在主持工作____________

A8. 你会成立时的会员数____________

A9. 你会目前有________个团体会员，________个个人会员。

A9.1. 本（学）会是否作为国家级（学）会的会员？

1. 是　　2. 否

A10. 你会的团体会员来自（多选）：

1. 高校　　2. 科研院所

3. 政府机关　　4. 事业单位

5. 企业　　6. 社会组织

7. 基层社会团体　　8. 其他____________请填写

A10.1 其中，最主要 / 最多的团体会员来自：____________（请填写数字）

A11. 你会的个体会员来自于：

1. 高校　　2. 科研院所

3. 政府机关　　4. 事业单位

5. 企业　　6. 社会组织

7. 基层社会团体　　8. 其他____________请填写

A11.1 其中，最主要 / 最多的个体会员来自：____________（请填写数字）

A12. 你会中省级领导兼职的______个厅级领导兼职的______个处级；干部兼职的______个。

B. 日常管理（制度，行政，财务经费，日常活动）

B1. 你会是否制定以下制度（多选）？

1. 本会章程　　2. 行政管理制度

3. 人事制度　　4. 财务制度

5. 会员管理制度

B2. 你会的登记形式是：

1. 个体　　2. 合伙

3. 法人

B3. 你会是否按时更换法人登记证书？

1. 是　　2. 否

B4. 你会是否每年召开会员（代表）大会？

1. 是　　2. 否

B4. 你会会长、秘书长通过何种形式产生？

1. 会员选举　　2. 理事会选举

3. 业务主管单位任命

B5. 你会现有的办公场所是：

1. 本会自有　　　　　　　　　2. 借用 / 租用

B5.1 借用 / 租用于哪一单位 / 组织 / 部门____________。

B6. 你会是否有分支机构？

1. 是　　　　　　　　　　　　2. 否

B7. 你会内设机构 / 部门数____________。

B8. 你会是否建立了完整规范的工作和活动的档案？

1. 是　　　　　　　　　　　　2. 否

B9. 你会日常管理和运作的人员有______人。

B9.1 其中专职人员数量______人。

B9.2 其中志愿工作人员数量______人。

B9.3 志愿工作人员主要来源是（可多选）：

1. 高校　　　　　　　　　　　2. 科研院所

3. 政府及事业单位　　　　　　4. 企业

5. 其他社会组织　　　　　　　6. 其他____________（请填写）

B10. 你会的日常事务主要包括：

1. 学术会议组织、筹备　　　　2. 相关出版物刊发

3. 课题发布与组织

4. 学会总结、报告、年审等行政性事务

5. 其他（请注明__________________）

B11. 你会的日常管理办公经费来源（多选）：

1. 自筹经费（含会费）　　　　2. 政府拨款

3. 慈善捐助　　　　　　　　　4. 企业赞助

5. 其他（请注明__________________）

B11.1 其中今年日常管理办公经费来源中占比第 1 位的是______，第 2 位的是______，第 3 位的是______（请填写上题数字）。

B11.2 每年你会用于日常管理办公的经费大约有：

1.1 万元以下　　　　　　　　2.1 万～ 3 万元（不含 3 万元）

3.3 万～ 5 万元（不含 5 万元）　4.5 万～ 10 万元（不含 10 万元）

5.10 万元及以上

B11.3 用于日常管理办公的经费是否够用？

1. 完全够用　　2. 基本够用

3. 略不够用　　4. 完全不够用

C. 社会功能

C1. 你会是否组织学术会议？

1. 是　　2. 否

C1.1 一年举办几次______次？（若一年不足 1 次，请在此处打√）

C1.2 会议规模

1.50 人以下　　2.50 ～ 100 人

3.101 ～ 200 人　　4.200 人以上

C1.3 会议形式：

1. 学会独办　　2. 会员单位承办

3. 外部组织 / 企业 / 政府部门承办

4. 其他__________________（请填写）

C1.4 参会人员类型（多选）：

1. 学会会员　　2. 合作单位 / 个人

3. 社会大众

C1.5 会议经费来源：

1. 自筹经费　　2. 企业赞助

3. 政府拨款　　4. 企业购买服务

5. 政府购买服务　　6. 慈善捐助

7. 其他（请注明__________________）

C1.5.1 其中今年会议经费来源中占比第 1 位的是______，第 2 位的是______，第 3 位的是______（请填写上题数字）。

C2. 本会是否有本会刊物？

1. 有公开出版物　　2. 有内部刊物

3. 无

C2.1 出版周期为______月 / 刊

C2.2 发行量为______册 / 年

C3. 你会是否有公开出版著作（丛书）？

1. 有　　　　　　　　2. 无

C3.1 请列出你会最有影响力的几部著作（丛书 / 论文集）：

	著作名称	获得荣誉		著作名称	获得荣誉
1			5		
2			6		
3			7		
4			8		

C4. 学会是否面向（或计划面向）社会或其他学术团体、个人发布研究课题?

1. 是　　　　　　　　2. 否

C4.1 发布课题经费来源（多选）：

1. 自筹经费　　　　　　2. 企业赞助
3. 政府拨款　　　　　　4. 企业购买服务
5. 政府购买服务　　　　6. 慈善捐助
7. 其他（请注明__________________）

C4.1.1 其中发布课题经费来源中占比第 1 位的是______，第 2 位的是______，第 3 位的是______（请填写上题数字）。

C4.2 发布课题数目______个。

C4.3 科研成果转化形式（多选）：

1. 政府咨询报告　　　　2. 一般研究报告
3. 学术论文 / 著作　　　4. 其他____________

C4.3.1 政府咨询报告共有______篇，其中国家级______篇，省部级______篇，市级______篇。

C4.4 请列出最有影响力的科研成果：

	科研成果名称	类型（填写 C4.3 数字）	获得荣誉
1			
2			
3			

续表

	科研成果名称	类型（填写 C4.3 数字）	获得荣誉
4			
5			
6			

C4.5. 学会近一年开展的其他活动有：

1. 讲座______次　　2. 培训______次

3. 社会宣传活动______次

C4.6 请列出近一年有影响力的活动：

	活动名称	类型（填写 C4.6 数字）	社会影响（如获得荣誉、新闻报道、参与规模等）
1			
2			
3			
4			
5			
6			

C5. 目前是否有以学会名义承担的课题？

1. 是　　2. 否

C5.1 经费来源：

1. 政府部门　　2. 省社科联

3. 科研单位　　4. 企业

5. 其他____________

C5.2 科研成果转化形式：

1. 政府咨询报告　　2. 一般研究报告

3. 学术论文 / 著作　　4. 其他

C5.2.1 政府咨询报告共有______篇，其中国家级______篇，省部级______篇，市级______篇。

C6. 您觉得你会在政府政策咨询方面的作用？

1. 没有　　2. 较小

3. 一般　　4. 较大

5. 很大　　　　　　　　　　6. 不清楚

C7. 您觉得目前你会发展面临的机遇是：

____

____

C8 您觉得目前你会发展面临哪些问题?

____

____

编后记

“中国调查”丛书由湖北省社会科学界联合会组织编写。为了编纂这套丛书，省社科联成立了“中国调查”丛书编委会。编委会编委由省社科联领导成员担任。编委会在丛书的组织策划、选题确定、编纂体例、内容大纲、编辑风格、封面设计、专家聘请等方面进行了多次专题研究。曾婕、刘宏兰、谢双林、张明新等同志对相关分卷进行了初审；黄正谋、江立华、桂胜等同志负责复审工作；曾婕同志负责终审工作。“中国调查”丛书的组稿、协调、编辑、审稿等工作由省社科联学术部承担，陈芳、肖利、陈沛、陈弘等同志做了大量工作。湖北人民出版社的编辑同志对本丛书的编辑工作给予了很大帮助，在此致谢。

由于本丛书涉及的内容较多、原始资料量大，虽然经过反复校验和更正，难免有所疏漏，恳请专家读者批评指正。

编　者

2018 年 9 月